Learn Spanish with Platero y yo

HypLern Interlinear Project
www.hyplern.com

First edition: 2021, February

Author: Juan Ramón Jiménez
Translation: Kees van den End
Foreword: Camilo Andrés Bonilla Carvajal PhD

ISBN: 978-1-989643-27-3

kees@hyplern.com
www.hyplern.com

Learn Spanish with Platero y yo

Interlinear Spanish to English

Author
Juan Ramón Jiménez

Translation
Kees van den End

HypLern Interlinear Project
www.hyplern.com

The HypLern Method

Learning a foreign language should not mean leafing through page after page in a bilingual dictionary until one's fingertips begin to hurt. Quite the contrary, through everyday language use, friendly reading, and direct exposure to the language we can get well on our way towards mastery of the vocabulary and grammar needed to read native texts. In this manner, learners can be successful in the foreign language without too much study of grammar paradigms or rules. Indeed, Seneca expresses in his sixth epistle that "Longum iter est per praecepta, breve et efficax per exempla[1]."

The HypLern series constitutes an effort to provide a highly effective tool for experiential foreign language learning. Those who are genuinely interested in utilizing original literary works to learn a foreign language do not have to use conventional graded texts or adapted versions for novice readers. The former only distort the actual essence of literary works, while the latter are highly reduced in vocabulary and relevant content. This collection aims to bring the lively experience of reading stories as directly told by their very authors to foreign language learners.

Most excited adult language learners will at some point seek their teachers' guidance on the process of learning to read in the foreign language rather than seeking out external opinions. However, both teachers and learners lack a general reading technique or strategy. Oftentimes, students undertake the reading task equipped with nothing more than a bilingual dictionary, a grammar book, and lots of courage. These efforts often end in frustration as the student builds mis-constructed nonsensical sentences after many hours spent on an aimless translation drill.

Consequently, we have decided to develop this series of interlinear translations intended to afford a comprehensive edition of unabridged texts. These texts are presented as they were originally written with no changes in word choice or order. As a result, we have a translated piece conveying the true meaning under every word from the original work. Our readers receive then two books in just one volume: the original version and its translation.

The reading task is no longer a laborious exercise of patiently decoding unclear and seemingly complex paragraphs. What's more, reading becomes an enjoyable and meaningful process of cultural, philosophical and linguistic learning. Independent learners can then acquire expressions and vocabulary while understanding pragmatic and socio-cultural dimensions of the target language by reading in it rather than reading about it.

Our proposal, however, does not claim to be a novelty. Interlinear translation is as old as the Spanish tongue, e.g. "glosses of [Saint] Emilianus", interlinear bibles in Old German, and of course James Hamilton's work in the 1800s. About the latter, we remind the readers, that as a revolutionary freethinker he promoted the publication of Greco-Roman classic works and further pieces in diverse languages. His effort, such as ours, sought to lighten the exhausting task of looking words up in large glossaries as an educational practice: "if there is any thing which fills reflecting men with melancholy and regret, it is the waste of mortal time, parental money, and puerile happiness, in the present method of pursuing Latin and Greek[2]".

Additionally, another influential figure in the same line of thought as Hamilton was John Locke. Locke was also the philosopher and translator of the Fabulae AEsopi in an interlinear plan. In 1600, he was already suggesting that interlinear texts, everyday communication, and use of the target language could be the most appropriate ways to achieve language learning:

> ...the true and genuine Way, and that which I would propose, not only as the easiest and best, wherein a Child might, without pains or Chiding, get a Language which others are wont to be whipt for at School six or seven Years together...[3]

---

1 "The journey is long through precepts, but brief and effective through examples". Seneca, Lucius Annaeus. (1961) Ad Lucilium Epistulae Morales, vol. I. London: W. Heinemann.

2 In: Hamilton, James (1829?) History, principles, practice and results of the Hamiltonian system, with answers to the Edinburgh and Westminster reviews; A lecture delivered at Liverpool; and instructions for the use of the books published on the system. Londres: W. Aylott and Co., 8, Pater Noster Row. p. 29.

3 In: Locke, John. (1693) Some thoughts concerning education. Londres: A. and J. Churchill. pp. 196-7.

Who can benefit from this edition?

We identify three kinds of readers, namely, those who take this work as a search tool, those who want to learn a language by reading authentic materials, and those attempting to read writers in their original language. The HypLern collection constitutes a very effective instrument for all of them.

1. For the first target audience, this edition represents a search tool to connect their mother tongue with that of the writer's. Therefore, they have the opportunity to read over an original literary work in an enriching and certain manner.
2. For the second group, reading every word or idiomatic expression in its actual context of use will yield a strong association between the form, the collocation, and the context. This will have a direct impact on long term learning of passive vocabulary, gradually building genuine reading ability in the original language. This book is an ideal companion not only to independent learners but also to those who take lessons with a teacher. At the same time, the continuous feeling of achievement produced during the process of reading original authors both stimulates and empowers the learner to study[1].
3. Finally, the third kind of reader will notice the same benefits as the previous ones. The proximity of a word and its translation in our interlinear texts is a step further from other collections, such as the Loeb Classical Library. Although their works might be considered the most famous in this genre, the presentation of texts on opposite pages hinders the immediate link between words and their semantic equivalence in our native tongue (or one we have a strong mastery of).

---

1 Some further ways of using the present work include:

1. As you progress through the stories, focus less on the lower line (the English translation). Instead, try to read through the upper line, staying in the foreign language as long as possible.
2. Even if you find glosses or explanatory footnotes about the mechanics of the language, you should make your own hypotheses on word formation and syntactical functions in a sentence. Feel confident about inferring your own language rules and test them progressively. You can also take notes concerning those idiomatic expressions or special language usage that calls your attention for later study.
3. As soon as you finish each text, check the reading in the original version (with no interlinear or parallel translation). This will fulfil the main goal of this collection: bridging the gap between readers and original literary works, training them to read directly and independently.

Why interlinear?

Conventionally speaking, tiresome reading in tricky and exhausting circumstances has been the common definition of learning by texts. This collection offers a friendly reading format where the language is not a stumbling block anymore. Contrastively, our collection presents a language as a vehicle through which readers can attain and understand their authors' written ideas.

While learning to read, most people are urged to use the dictionary and distinguish words from multiple entries. We help readers skip this step by providing the proper translation based on the surrounding context. In so doing, readers have the chance to invest energy and time in understanding the text and learning vocabulary; they read quickly and easily like a skilled horseman cantering through a book.

Thereby we stress the fact that our proposal is not new at all. Others have tried the same before, coming up with evident and substantial outcomes. Certainly, we are not pioneers in designing interlinear texts. Nonetheless, we are nowadays the only, and doubtless, the best, in providing you with interlinear foreign language texts.

Handling instructions

Using this book is very easy. Each text should be read at least three times in order to explore the whole potential of the method. The first phase is devoted to comparing words in the foreign language to those in the mother tongue. This is to say, the upper line is contrasted to the lower line as the following example shows:

Este	breve	libro,	en	donde	la	alegría	y	la	pena	son
This	short	book	in	where	the	joy	and	the	suffering	are
				which						

gemelas,	cual	las	orejas	de	Platero,	estaba	escrito	para...
twins	which	the	ears	of	Platero	was	written	for
	like				(Silversmith)			

¡qué	sé	yo	para	quien!
what	know	I	for	whom
what do I know for who				

The second phase of reading focuses on capturing the meaning and sense of the original text. As readers gain practice with the method, they should be able to focus on the target language without getting distracted by the translation. New users of the method, however, may find it helpful to cover the translated lines with a piece of paper as illustrated in the image below. Subsequently, they try to understand the meaning of every word, phrase, and entire sentences in the target language itself, drawing on the translation only when necessary. In this phase, the reader should resist the temptation to look at the translation for every word. In doing so, they will find that they are able to understand a good portion of the text by reading directly in the target language, without the crutch of the translation. This is the skill we are looking to train: the ability to read and understand native materials and enjoy them as native speakers do, that being, directly in the original language.

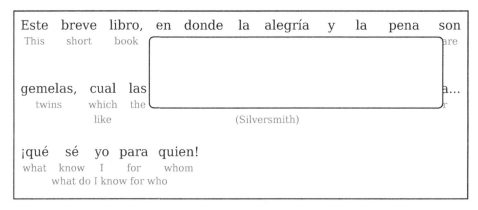

Este breve libro, en donde la alegría y la pena son
This   short book   are

gemelas, cual las   a...
  twins   which the   r
          like   (Silversmith)

¡qué sé   yo para quien!
what know I   for   whom
       what do I know for who

In the final phase, readers will be able to understand the meaning of the text when reading it without additional help. There may be some less common words and phrases which have not cemented themselves yet in the reader's brain, but the majority of the story should not pose any problems. If desired, the reader can use an SRS or some other memorization method to learning these straggling words.

Este breve libro, en donde la alegría y la pena son gemelas, cual las orejas de Platero, estaba escrito para... ¡qué sé yo para quien!

Above all, readers will not have to look every word up in a dictionary to read a text in the foreign language. This otherwise wasted time will be spent concentrating on their principal interest. These new readers will tackle authentic texts while learning their vocabulary and expressions to use in further communicative (written or oral) situations. This book is just one work from an overall series with the same purpose. It really helps those who are afraid of having "poor vocabulary" to feel confident about reading directly in the language. To all of them and to all of you, welcome to the amazing experience of living a foreign language!

Additional tools

Check out shop.hyplern.com or contact us at info@hyplern.com for free mp3s (if available) and free empty (untranslated) versions of the eBooks that we have on offer.

For some of the older eBooks and paperbacks we have Windows, iOS and Android apps available that, next to the interlinear format, allow for a pop-up format, where hovering over a word or clicking on it gives you its meaning. The apps also have any mp3s, if available, and integrated vocabulary practice.

Visit the site hyplern.com for the same functionality online. This is where we will be working non-stop to make all our material available in multiple formats, including audio where available, and vocabulary practice.

Table of Contents

Prologuillo

Little Prologue

Suele creerse que yo escribí 'Platero y yo' para
(it is) used to believe oneself that I wrote Platero and I for
It is generally assumed (Silversmith)

los niños, que es un libro para niños.
the children that (it) is a book for children

No. En 1913, La lectura, que sabía que yo estaba con
No In 1913, The reading that knew that I was with
(a magazine)

ese libro me pidió que adelantase un conjunto de sus
that book (of) me requested that itself advance a set of its
I forward

páginas más idílicas para su Biblioteca Juventud. Entonces,
pages more idyllic for its Library juvenile Then
the most idyllic

alterando la idea momentaneamente escribí este prólogo:
altering the idea momentarily (I) wrote this foreword

Advertencia a los hombres que lean este libro para niños
Warning to the men that read this book for children
people

Este breve libro, en donde la alegría y la pena son
This short book, in where the joy and the suffering are
which

gemelas, cual las orejas de Platero, estaba escrito
twins which the ears of Platero, was written
like (Silversmith)

para... ¡qué sé yo para quien! ...para quien escribimos,
for what know I for whom for whom (we) wrote
what do I know for who

1

los poetas líricos... Ahora que va a los niños, no le
the poets lyrics Now that (it) goes to the children not (of) it

quito ni le pongo una coma. ¡Que bien!
(I) take away nor it (I) put a comma That well
I add How great

«Dondequiera que haya niños —dice Novalis—, existe
Wherever that (it) has children says Novalis exists
there are

una edad de oro». Pues por esa edad de oro, que es
an age of gold Then for that age of gold that is

como una isla espiritual caida del cielo, anda el
like an island spiritual fallen from the heaven goes the

corazón del poeta, y se encuentra allí tan a su
heart of the poet and himself encounters there so to his
he finds

gusto, que su mejor deseo sería no tener que
pleasure that his best desire would be not to have that
to

abandonarla nunca.
abandon it never
ever

¡Isla de gracia, de frescura y dicha, edad de oro de
Island of grace of freshness and luck age of gold of

los niños; siempre te halle yo en mi vida, mar de duelo;
the children always you find I in my life sea of duel

y que tu brisa me dé su lira, alta y, a veces
and that your breeze me gives its lyre high and at times

sin sentido, igual que el trino de la alondra en el
without sense equal that the trill of the lark in the
same as

sol blanco del amanecer!
sun white of the dawning

Yo nunca he escrito ni escribiré nada para niños,
I never have written nor will (I) write nothing for children
anything

porque creo que el niño puede leer los libros que
because (I) believe that the child can read the books that

lee el hombre, con determinadas excepciones que a
reads the man with determined exceptions that to
(an adult)

todos se le ocurren. También habrá excepciones
all himself him occur Also will have exceptions
there will be

para hombres y para mujeres, etc.
for men and for women etc

I - Platero

Platero

Platero es pequeño, peludo, suave; tan blando por
Platero is small furry soft so tender for
(Silversmith) soft at the

fuera, que se diría todo de algodón, que no lleva
outside that itself would be said all of cotton that not carry
you would say he is made of he has

huesos. Sólo los espejos de azabache de sus ojos son
bones Only the mirrors of black amber of his eyes are

duros cual dos escarabajos de cristal negro.
hard which two beetles of crystal black
like

Lo dejo suelto, y se va al prado, y acaricia
Him (I) let loose and himself went to the meadow and caressed
he went

tibiamente con su hocico, rozándolas apenas, las florecillas
lukewarm with his snout brushing them hardly the little flowers

rosas, celestes y gualdas... Lo llamo dulcemente:
pink celestial and golden yellow Him (I) call sweetly

«¿Platero?» y viene a mí con un trotecillo alegre
Platero and (he) returns to me with a trot happy

que parece que se ríe en no sé qué cascabeleo
that seems that he laughs in (I) don't know what jingle

ideal...
ideal

Come cuanto le doy. Le gustan las naranjas
He eats how much him I give Him please the oranges
                      He likes

mandarinas, las uvas moscateles, todas de ámbar; los
mandarins the grapes muscats all of amber the

higos morados, con su cristalina gotita de miel...
figs purple with their crystalline droplet of honey

Es tierno y mimoso igual que un niño, que una
(He) is tender and cuddly equally that a boy that a
                    as   as

niña...; pero fuerte y seco por dentro como de piedra.
girl but strong and dry for inside as of stone
                      on the

Cuando paso sobre él, los domingos, por las últimas
When (I) pass over him the Sundays through the last
           on

callejas del pueblo, los hombres del campo,
alleys of the village the men of the field

vestidos de limpio y despaciosos, se quedan
dressed of cleansed and slow themselves are left
  cleanly dressed   stop to
mirándolo:
looking at him
 look at him

—Tien' asero...
(He) has iron
     (acero)

Tiene acero. Acero y plata de luna, al mismo tiempo.
(He) has iron Iron and silver of moon at the same time
    strength   silver of the moon

II - Mariposas blancas
White butterflies

La   noche   cae,   brumosa   ya   y   morada.   Vagas
The   night   falls   misty   already   and   purple   Vague

claridades   malvas   y   verdes   perduran   tras   la   torre   de
highlights   (of) mauve   and   green   linger   beyond   the   tower   of

la   iglesia.   El   camino   sube,   lleno   de   sombras,   de
the   church   The   road   goes up   full   of   shadows   of

campanillas,   de   fragancia   de   hierba,   de   canciones,   de
bluebells   of   fragrence   of   grass   of   songs   of

cansancio   y   de   anhelo.
fatigue   and   of   longing

De   pronto,   un   hombre   oscuro,   con   una   gorra   y   un
Of   soon   a   man   dark   with   a   cap   and   a
Suddenly

pincho,   roja   un   instante   la   cara   fea   por   la   luz   del
skewer   red   an   instant   the   face   ugly   by   the   light   of the

cigarro,   baja   a   nosotros   de   una   casucha   miserable,
cigar   descends   to   us   from   a   hovel   miserable

perdida   entre   sacas   de   carbón.   Platero   se   amedrenta.
lost   between   sacks   of   coal   Platero   himself   intimidates
   is intimidated

-¿Ve   algo?
See   something

-Vea   usted...   Mariposas   blancas...
See   you   Butterflies   white

El hombre quiere clavar su pincho de hierro en el
The man wants to stick his skewer of iron in the

seroncillo, y no lo evito. Abrió la alforja y él no
little bale and not it (I) avoid (He) opened the saddlebag and he not

ve nada. Y el alimento ideal pasa, libre y cándido,
sees nothing And the food ideal passes free and candid

sin pagar su tributo a los Consumos...
without to pay its tribute to the Consumptives
(those with consumption)

III - Juegos del anochecer

Games of the nightfall

Cuando, en el crepúsculo del pueblo, Platero y yo
When in the twilight of (the) town Platero and I

entramos, ateridos, por la oscuridad morada de la
enter terrified through the darkness purple of the

calleja miserable que da al río seco, los niños
alley miserable that gives / opens to the río seco, / dry / dry river the children

pobres juegan a asustarse, fingiéndose mendigos. Uno
poor play to scare each other feigning themselves / pretending to be beggars One

se echa un saco a la cabeza, otro dice que no
himself throws / binds a sack to the head another says that not

ve, otro se hace el cojo...
(he) sees another himself makes / pretends to be the lame

Después, en ese brusco cambiar de la infancia, como
After in that abrupt shift of the childhood as

llevan unos zapatos y un vestido, y como sus
(they) wear some shoes and a dress and as their

madres, ellas sabrán cómo, les han dado algo de
mothers they will know how to them had given something of

comer, se creen unos príncipes:
to eat themselves believe some princes

-Mi   pare   tie   un   reló   e   plata.
My   father   has   a   watch   of   silver
(padre)   (tiene)   (reloje)   (de)

-Y   er   mío,   un   cabayo.
And   the   mine   a   horse
(el)   (caballo)

-Y   er   mío,   una   ejcopeta.
And   the   mine   a   shotgun
(el)   (escopeta)

Reloj   que   levantará   a   la   madrugada,   escopeta   que   no
Watch   that   will wake   at   the   early morning   shotgun   that   not

matará   el   hambre,   caballo   que   llevará   a   la   miseria...
will kill   the   hunger   horse   that   will carry   to   the   misery

El   corro,   luego.   Entre   tanta   negrura,   una   niña   forastera,
The   huddle   later   Between   so much   blackness   a   girl   foreign

que   habla   de   otro   modo,   la   sobrina   del   Pájaro   Verde,
that   speaks   of   another   way   the   niece   of the   Bird   Green
              in

con   voz   débil,   hilo   de   cristal   acuoso   en   la   sombra,
with   voice   frail   thread   of   crystal   water   in   the   shadow

canta   entonadamente,   cual   una   princesa:
sings   with intonation   which   a   pincess
                    like

Yo   soy   laaa   viudita   del   Condeee   de   Oréé...
I   am   the   widow   of the   Count   of   Oree

...¡Sí, sí! ¡Cantad, soñad, niños pobres! Pronto, al
Yes Yes Sing dream children poor Soon at the
                              poor children

amanecer vuestra adolescencia, la primavera os asustará,
dawn your adolescence the spring you will scare

como un mendigo, enmascarada de invierno...
like a beggar masked of winter
                          in

—Vamos Platero...
Let's go Platero

10

IV - El eclipse

The eclipse

Nos	metimos	las	manos	en	los	bolsillos,	sin	querer,
We	put	the	hands	in	the	pockets	without	to want (to)

y	la	frente	sintió	el	fino	aleteo	de	la	sombra	fresca,
and	the	front face	felt	the	fine	flutter	of	the	shadow	cool

igual	que	cuando	se	entra	en	un	pinar	espeso.	Las
equal	that as	when	oneself	enters	in	a	pinewood	thick	The

gallinas	se	fueron	recogiendo	en	su	escalera
hens	themselves	were	collecting / were gathering	in	their	staircase roost

amparada,	una	a	una.	Alrededor,	el	campo	enlutó	su
protected	one	to by	one	Around	the	field	in mourning	its

verde,	cual	si	el	velo	morado	del	altar	mayor	lo
green	which as	if	the	veil	purple	of the	altar	greatest	it

cobijase.	Se	vio,	blanco,	el	mar	lejano,	y	algunas
shelters	Itself It is seen	sees	white	the	lake	distant	and	some

estrellas	lucieron,	pálidas.	¡Cómo	iban	trocando	blancura
stars	shine	pale	How	went	bartering exchanging	whiteness

por	blancura	las	azoteas!	Los	que	estábamos	en	ellas	nos
for	whiteness	the	rooftops	They	that	(we) were	in	they	us

gritábamos	cosas	de	ingenio	mejor	o	peor,	pequeños	y
(we) screamed	things	of	sense	better	or	worse	small	and

oscuros	en	aquel	silencio	reducido	del	eclipse.
black	in	that	silence	reduced	of the	eclipse

Mirábamos el sol con todo: con los gemelos de teatro,
(We) watched the sun with everything with the twins of theater
                                                binoculars

con el anteojo de larga vista, con una botella, con un
with the eyeglass of long vision with a bottle with a

cristal ahumado; y desde todas partes: desde el mirador,
crystal smoked and from all parts from the lookout

desde la escalera del corral, desde la ventana del
from the stairway of the corral from the window of the
                                   yard

granero, desde la cancela del patio, por sus cristales
barn from the lattice gate of the patio through its crystals
                                                   panes

granas y azules...
grains and blue

Al ocultarse el sol que, un momento antes todo lo
At the to hid itself the sun that a moment before all it
hiding of

hacía dos, tres, cien veces más grande y mejor con
made two three hundred times more large and old with

sus complicaciones de luz y oro, todo, sin la
its complications of light and gold all without the
   varietions

transición larga del crepúsculo, lo dejaba solo y pobre,
transition long of the dusk it left alone and poor

como si hubiera cambiado onzas primero y luego plata
as if (it) had changed ounces first and later silver

por cobre. Era el pueblo como un perro chico, mohoso
for copper Was the town like a dog boy moldy
                                         male dog

y   ya   sin   cambio. ¡Qué tristes y   qué pequeñas las
and   already without change   How   sad   and how small   the

calles, las plazas, la   torre, los caminos de los montes!
streets the plazas   the tower   the roads   of the mountains

Platero parecía, allá   en el   corral, un burro   menos
Platero seemed   there in the corral   a   donkey less
                                    yard

verdadero, diferente y   recortado; otro   burro...
real   different   and reduced   another donkey

V - Escalofrio

Shiver

La	luna	viene	con	nosotros,	grande,	redonda,	pura.	En	los
The	moon	comes	with to	us	big	round	pure	In	the

prados	soñolientos	se	ven,	vagamente,	no	sé	qué
meadows	sleepy	themselves are visible	look	vaguely	no I don't	know	what

cabras	negras,	entre	las	zarzamoras...	Alguien	se
goats	black	amongst	the	blackberries	Someone	himself

esconde,	tácito,	a	nuestro	pasar...	Sobre	el	vallado,	un
hides	taciturn	at	our	to pass passing	On	the	fence	an

almendro	inmenso,	níveo	de	flor	y	de	luna,	revuelta
almond (tree)	immense	snowy	of with	flower flowers	and	of from the moon	moon	returns covers

la	copa	con	una	nube	blanca,	cobija	el	camino
the	cup top of the tree	with	a	cloud	white	blankets	the	road

asaeteado	de	estrellas	de	marzo...	Un	olor	penetrante	a
armored	of by	stars	of	March	A	smell	penetrating	of

naranjas...	Humedad	y	silencio...	La	cañada	de	las
oranges	Humidity	and	silence	The	glen	of	the

Brujas...
witches

-¡Platero,	qué...	frío!
Platero	how	cold

Platero, no sé si con su miedo o con el mío, trota,
Platero (I) don't know if with his fear or with the mine jogs

entra en el arroyo, pisa la luna y la hace pedazos.
enters in the stream steps on the moon and it makes pieces
turns to

Es como si un enjambre de claras rosas de cristal
(It) is as if a swarm of clear roses of crystal

se enredara, queriendo retenerlo, a su trote...
themselves entangle wanting to hold him back to his trot

Y trota Platero, cuesta arriba, encogida la grupa cual si
And trots Platero slope up shrunken the back which if
as

alguien le fuese a alcanzar, sintiendo ya la tibieza
someone it was to reach feeling already the tepidity

suave, que parece que nunca llega, del pueblo que
soft that seems that never (it) arrives from the town that

se acerca...
itself approaches

15

VI - La miga
The crumb (The kindergarten)

Si   tú   vinieras,   Platero,   con   los   demás   niños,   a   la
If   you   would come   Platero   with   the   other   children   to   the

miga,   aprenderías   el   a,   b,   c,   y   escribirías
crumb   (you) would learn   the   a   b   c   and   (you) would write
(kindergarten)

palotes.   Sabrías   tanto   como   el   burro   de   las   figuras   de
sticks   You'd know   as much   as   the   donkey   of   the   figures   of
strokes

cera – el   amigo   de   la   Sirenita   del   Mar,   que   aparece
wax   the   friend   of   the   Little mermaid   of the   Sea   that   appears

coronado   de   flores   de   trapo,   por   el   cristal   que
crowned   with   flowers   of   rag   for   the   crystal   that
   cloth flowers   through

muestra   a   ella,   rosa   toda,   carne   y   oro,   en   su   verde
shows   to   her   rosy   all   flesh   and   gold   in   her   green

elemento – ;   más   que   el   médico   y   el   cura   de   Palos,
element   more   than   the   medic   and   the   priest   of   Palos

Platero.
Platero

Pero,   aunque   no   tienes   más   que   cuatro   años,   ¡eres   tan
But   although   not   (you) have   more   than   four   years   you are   so
   you are

grandote   y   tan   poco   fino!   ¿En   qué   sillita   te   ibas
huge   and   so   little   fine   In   what   little chair   you   were going
   refined

a   sentar   tú,   en   qué   mesa   ibas   tú   a   escribir,   qué
to   sit   you   in   what   table   were going   you   to   write   what

16

cartilla ni qué pluma te bastarían, en qué lugar del
little notebook nor what feather you would suffice in what place of the

coro ibas a cantar, di, el Credo?
choir you were going to sing say the Creed

No. Doña Domitila – de hábito de Padre Jesús Nazareno,
No Mrs Domitila of (a) robe of Father Jesus (of) Nazareth
with

morado todo con el cordón amarillo, igual que Reyes, el
purple all with the cord yellow equal that Reyes the
as

besuguero –, te tendría, a lo mejor, dos horas de
fishmonger you shall have at the best two hours of

rodillas en un rincón del patio de los plátanos, o te
knees in a corner of the courtyard of the bananas or you
kneeling

daría con su larga caña seca en las manos, o se
would give with her long cane dry in the hands or herself

comería la carne de membrillo de tu merienda, o te
would eat the meat of quince (jelly) of your snack or you

pondría un papel ardiendo bajo el rabo y tan coloradas
would put a paper ablaze under the tail and so red

y tan calientes las orejas como se le ponen al
and so hot the ears as themselves it set to the
like they become with the

hijo del aperador cuando va a llover...
son of the wheelwright when (it) goes to rain

No, Platero, no. Vente tú conmigo. Yo te enseñaré las
No   Platero   no   Come   you   with me   I   you   will teach   the

flores y las estrellas. Y no se reirán de ti
flowers   and   the   stars   And   not   themselves   (they) will laugh   of   you

como de un niño torpón, ni te pondrán, cual si fueras
as   of   a   child   clumsy   nor   you   will put   as   if   were you

lo que ellos llaman un burro, el gorro de los ojos
it   that   them   (they) call   a   donkey   the   hat   of   the   eyes

grandes ribeteados de añil y almagra, como los de las
large   eyes   of   indigo   and   red ochre   as   those   of   the

barcas del río, con dos orejas dobles que las tuyas.
barges   of the   river   with   two   ears   double   that   the   yours
  as

VII - El loco

The fool

Vestido de luto, con mi barba nazarena y mi breve
Dress of mourning with my beard Nazarene and my short

sombrero negro, debo cobrar un extraño aspecto
hat black (I) must charge a strange aspect
present

cabalgando en la blandura gris de Platero. Cuando, yendo
riding on the softness gray of Platero. When going

a las viñas, cruzo las últimas calles, blancas de cal
to the vineyards (I) cross the last streets white of lime

con sol, los chiquiilos gitanos, aceitosos y peludos, fuera
with sun the kids gypsies oily and hairy outside

de los harapos verdes, rojos y amarillos, las tensas
of the rags green red and yellow the tense
stretched

barrigas tostadas, corren detrás de nosotros, chillando
bellies toasted (they) run behind of us screaming

largamente:
long
for a long time

–¡El loco! ¡El loco! ¡El loco!
The fool The fool The fool

...Delante está el campo, ya verde. Frente al cielo
In front is the field already green Before to the heaven

inmenso y puro, de un incendiado añil, mis ojos – ¡tan
immense and pure of a burned indigo my eyes so

19

lejos de mis oídos! – se abren noblemente,
far from my ears themselves (they) open nobly

recibiendo en su calma esa placidez sin nombre, esa
receiving in their calm that placidity without name that

serenidad armoniosa y divina que vive en el sinfín
serenity harmonious and divine that live in the without-end
infinity

del horizonte...
of the horizon

Y quedan, allá lejos, por las altas eras, unos agudos
And are left there far by the high fields some sharp

gritos, velados finamente, entrecortados, jadeantes,
shouts veiled finely choppy panting

aburridos:
weary

–¡El lo... co! ¡El lo... co!
The fo ol The fo ol

VIII - Judas

Judas

¡No te asustes hombre! ¿Qué te pasa? Vamos,
Not yourself scare man What you passes (We) go
                                    happens

quietecito... Es que están matando a Judas, tonto.
be quiet Is that (they) are killing to Judas fool
                                      (effigy)

Sí, están matando a Judas. Tenían puesto uno en el
Yes (they) are killing to Judas They had set one in the
                          (effigy)

Monturrio, otro en la calle de Enmedio, otro ahí, en
Monturrio (an) other in the street of Enmedio other here in
                                      (In-middle)

el Pozo del Concejo. Yo los vi anoche, fijos como por
the Pozo of the Council I them saw last night fixed as by
(Hole)

una fuerza sobrenatural en el aire, invisible en la
a force supernatural in the air invisible in the

oscuridad la cuerda, que, de doblado a balcón, los
darkness the cord that of doubled to (a) balcony them
                        knotted

sostenía. ¡Que grotescas mescolanzas de viejos sombreros
held That grotesque hodgepodge of old hats
     What

de copa y mangas de mujer, de caretas de ministros
of cup and sleeves of wife of masks of ministers
bowler

y miriñaques, bajo las estrellas serenas! Los perros les
and crinolines under the stars serene The dogs them

21

ladraban sin irse del todo y los caballos
barked (at) without to go (themselves) of the all and the horses

recelosos, no querían pasar bajo ellos...
suspicious not wanted to pass under them

Ahora las campanas dicen, Platero, que el velo del altar
Now the bells say Platero that the veil of the altar

mayor se ha roto. No creo que haya quedado
greatest itself has broken Not (I) believe that has remained

escopeta sin disparar a Judas. Hasta aquí llega el
(a) shotgun without to shoot at Judas Until here arrives the

olor de la pólvora. ¡Otro tiro! ¡Otro!
smell of the gunpowder Another shot Another

...Sólo que Judas, porque hay un baile hoy, Platero, es
Only that Judas because has a dance today Platero is
there is

el diputado, o la maestra, o el forense, o el
the deputy or the master or the forensic or the

recaudador, o el alcalde, o la comadrona; y cada
collector or the mayor or the midwife and each

hombre descarga su escopeta cobarde, hecho niño esta
man unloading his shotgun (a) coward made child this
(shot)

mañana del Sábado Santo, contra el que tiene su odio,
morning of the Saturday Saintly against it that has his hate

en   una   superposición   de   vagos   y   absurdos   simulacros
in   an   overlap   of   lazy   and   absurd   drills

primaverales.
(of the) Springtime

IX - Las brevas

The figs

Fue el alba neblinosa y cruda, buena para las brevas,
Was the dawn misty and raw good for the figs
cold

y, con las seis, nos fuimos a comerlas a la Rica.
and with the six we went to eat them at the Rich

Aún, bajo las grandes higueras centenarias, cuyos troncos
Still under the great fig trees centenarian whose trunks

grises enlazaban en la sombra fría como bajo una falda,
gray intertwined in the shadow cold as under a slope

sus muslos opulentos, dormitaba la noche; y las anchas
their thighs opulent dozed the night and the broad

hojas -que se pusieron Adán y Eva -atesoraban un
leaves that themselves put Adam and Eve treasured a
dressed with

fino tejido de perlillas de rocío que empalidecía su blanda
fine tissue of pearls of dew that paled its soft

verdura. Desde allí dentro se veía, entre la baja
green From there inside itself saw between the low
was seen

esmeralda viciosa, la aurora que rosaba, más viva cada
emerald vicious the dawn that rose more lively each

vez, los velos incoloros del Oriente.
time the veils colorless of the East

...Corríamos, locos, a ver quién llegaba antes a cada
(We) ran mad to see whom arrived before at each

higuera. Rociíllo cogió conmigo la primera hoja de una,
fig tree Little Roci grabbed with me the first leaf of one

en un sofoco de risas y palpitaciones. -Toca aquí. Y
in a suffocation of laughs and palpitations Touch here And

me ponía mi mano, con la suya, en su corazón, sobre el
me set my hand with the hers on her heart on it

que el pecho joven subía y bajaba como una menuda
that the breast young went up and went down like a small

ola prisionera. Adela apenas sabía correr, gordiflona y
wave prisoner Adela hardly knew to run chubby and
imprisoned

chica, y se enfadaba desde lejos. Le arranqué a
girl and herself angered from far ~~Him~~ (I) ripped off for

Platero unas cuantas brevas maduras y se las puse
Platero some several figs mature and myself them (I) put

sobre el asiento de una cepa vieja, para que no se
on the seat of a vine old for that not himself
stump

aburriera.
(he) got bored

El tiroteo lo comenzó Adela, enfadada por su torpeza,
The shooting it started Adela angry for her clumsiness

con risas en la boca y lágrimas en los ojos Me
with laughs in the mouth and tears in the eyes Me
(laughter)

estrelló una breva en la frente. Seguimos Rociíllo y yo
crashed a fig in the front (We) follow little Roci and I
forehead

y, más que nunca por la boca, comimos brevas por
and more that never through the mouth (we) ate figs through
than

los ojos, por la nariz, por las mangas, por la
the eyes through the nose through the sleeves through the

nuca, en un griterío agudo y sin tregua, que caía,
nape in a shouting sharp and without truce that fell

con las brevas desapuntadas, en las viñas frescas del
with the figs unspoken in the vineyards fresh of the

amanecer. Una breva le dio a Platero, y ya fue él
dawning A fig ~~him~~ gave ~~to~~ Platero and already was he
hit

blanco de la locura. Como el infeliz no podía
white of the madness As the poor devil not could

defenderse ni contestar, yo tomé su partido; y un
defend himself nor reply (in kind) I took his part and a

diluvio blando y azul cruzó el aire puro, en todas
deluge soft and blue crossed the air pure in all

direcciones, como una metralla rápida.
directions as a shrapnel rapid

Un doble reír, caído y cansado, expresó desde el suelo
A double laugh fallen and tired expressed from the ground

el femenino rendimiento.
the female surrender

X - ¡Angelus!

Angelus

Mira, Platero, qué de rosas caen por todas partes: rosas
Look Platero what of roses fall by all parts roses
    how many

azules, rosas blancas, sin color... Diríase que el
blue roses white without color You would say that the

cielo se deshace en rosas. Mira cómo se me
heaven itself undoes in roses Look how themselves me
    breaks up

llenan de rosas la frente, los hombros, las manos... ¿Qué
fill of roses the front the shoulders the hands What
    with forehead

haré yo con tantas rosas?
will do I with so many roses

¿Sabes tú, quizás, de dónde es esta blanda flora, que yo
Know you maybe from where is this soft flora that I

no sé de dónde es, que enternece, cada día, el
not know from where is that touches each day the

paisaje, y lo deja dulcemente rosado, blanco y celeste
landscape and it leaves sweetly pink white and sky blue

-más rosas, más rosas-, como un cuadro de Fray Angélico,
more roses more roses as a painting of Fray Angelic

el que pintaba la gloria de rodillas?
it that painted the glory of knees

De las siete galerías del Paraíso se creyera que
Of the seven galleries of the Paradise oneself believes that
    levels   it is believed

tiran rosas a la tierra. Cual en una nevada tibia y
they throw roses to the earth Which in a snow warm and
                Like

vagamente colorida, se quedan las rosas en la torre,
vaguely colorful themselves are left the roses in the tower

en el tejado, en los árboles. Mira: todo lo fuerte se
in the roof in the trees Look all the strong itself

hace, con su adorno, delicado. Más rosas, más rosas, más
makes with its decoration delicate More roses more roses more

rosas...
roses

Parece, Platero, mientras suena el Ángelus, que esta vida
(It) seems Platero while sounds the Angelus that this life

nuestra pierde su fuerza cotidiana, y que otra fuerza
our looses its force everyday and that (an)other force
of ours

de adentro, más altiva, más constante y más pura,
from (the) inside more haughty more constant and more pure

hace que todo, como en surtidores de gracia, suba a las
makes that all as in jets of grace go up to the

estrellas, que se encienden ya entre las rosas...
stars that themselves light up already between the roses
    which

28

Más   rosas...   Tus   ojos,   que   tú   no   ves,   Platero,   y   que
More   roses   Your   eyes   that   you   not   see   Platero   and that

alzas   mansamente   al   cielo,   son   dos   bellas   rosas.
rises   gently   at the   heaven   are   two   beautiful   roses

XI - El moridero

The dying place (The boneyard)

Tú, si te mueres antes que yo, no irás, Platero
You if you die before that/than I/me not (you) will go Platero

mío, en el carrillo del pregonero, a la marisma
(of) mine in the little cart of the crier to the marsh

inmensa, ni al barranco del camino de los montes,
huge nor to the ravine of the road of the mountains

como los otros pobres burros, como los caballos y los
like the other poor donkeys like the horses and the

perros que no tienen quien los quiera. No serás,
dogs that/who not have whom them wants / anyone who wants them Not you will be

descarnadas y sangrientas tus costillas por los cuervos
unfleshed and bloodied your ribs by the crows

-tal la espina de un barco sobre el ocaso grana-, el
like the spine/keel of a boat on the sunset deep red the

espectáculo feo de los viajantes de comercio que van a
spectacle ugly of/for the travelers of commerce that go to

la estación de San Juan en el coche de las seis; ni,
the station of San Juan in the coach of the six / six o'clock nor

hinchado y rígido entre las almejas podridas de la
swollen and rigid between the clams rotten of the

gavia. El susto de los niños que, temerarios y curiosos,
ditch The scare of the children that reckless and curious

se — asoman — al — borde — de — la — cuesta, — cogiéndose
themselves — hang — at the — edge — of — the — slope — holding themselves

a — las — ramas, — cuando — salen, — las — tardes — de — domingo,
to — the — branches — when — (they) come out — the — afternoons — of — Sunday

al — otoño, — a — comer — piñones — tostados — por — los — pinares.
at the — autumn — to — eat — pine seeds — toasted — by — the — pine groves

Vive — tranquilo, — Platero. — Yo — te — enterraré — al — pie — del
Live / Be — calm — Platero — I — you — will bury — at the — foot — of the

pino — grande — y — redondo — del — huerto — de — la — Piña, — que
pine tree — large — and — round — of the — garden — of — the — Pineapple — that

a — ti — tanto — te — gusta. — Estarás — al — lado — de — la — vida
to — you — so much — you — pleases — (You) will be — at the / right next to — side — of — the — life

alegre — y — serena. — Los — niños — jugarán — y — coserán — las
happy — and — serene — The — children — will play — and — will sew — the

niñas — en — sus — sillitas — bajas — a — tu — lado. — Sabrás — los
girls — in — their — little seats — low — at — your — side — (You) will know — the

versos — que — la — soledad — me — traiga. — Oirás — cantar — a — las
verses — that — the — solitude — me — brings — (You) will hear — sing — to — the

muchachas — cuando — lavan — en — el — naranjal, — y — el — ruido
girls — when — (they) wash — in — the — orange grove — and — the — noise

de — la — noria — será — gozo — y — frescura — de — tu — paz — eterna.
of — the — treadmill — will be — joy — and — freshness — of — your — peace — eternal

Y, — todo — el — año, — los — jilgueros, — los — chamarices — y — los
And — all — the — year — the — goldfinches — the — titmice — and — the

verderones — te — pondrán, — en — la — salud — perenne — de — la — copa,
greenfinches — you — will put — in — the — health — perennial — of — the — cup / tree top

31

un   breve   techo   de   música   entre   tu   sueño   tranquilo   y
a   brief   roof   of   music   between   your   sleep   calm   and
             canopy

el   infinito   cielo   de   azul   constante   de   Moguer.
the   infinite   sky   of   blue   constant   of   Moguer

XII - La púa
The spike (The thorn)

Entrando en la dehesa de los Caballos, Platero ha
Entering in the pasture of the Horses Platero has

comenzado a cojear. Me ha echado al suelo....
started to limp Me has thrown to the ground

—Pero, hombre, ¿qué te pasa?
But man what you passes / happens

Platero ha dejado la mano derecha un poco levantada,
Platero has left the hand / hoof right a little lifted

mostrando la ranilla, sin fuerza y sin peso, sin
showing the little wound without force and without weight without

tocar casi con el casco la arena ardiente del camino.
to play almost with the helmet / hoof the sand burning of the road

Con una solicitud mayor, sin duda, que la del viejo
With a request / an application greater without doubt that / than the / that of the old

Darbón, su médico, le he doblado la mano y le
Darbon his medic him (I) have folded / bent the hand / hoof and him

he mirado la ranilla roja. Una espina larga y verde
have looked the little wound red A thorn long and green

de naranjo sano, está clavada en ella como un redondo
of orange tree sane is nailed in her / it like a round

puñalillo de esmeralda. Estremecido del dolor de Platero,
dagger of emerald Shaken by the pain of Platero

he tirado de la espina; y me lo he llevado al
(I) have pulled of the thorn and me it (I) have brought to the
           pulled the thorn out   him   the

pobre al arroyo de los lirios amarillos para que el
poor (one) to the stream of the lilies yellow for that the

agua corriente le lama, con su larga lengua pura, la
water stream him licks (clean) with its long tongue pure the

heridilla.
wound

Después, hemos seguido hacia la mar blanca, yo
After (we) have followed towards the sea white I

delante, él detrás, cojeando todavía y dándome suaves
in front he behind limping still and giving me gentle

topadas en la espalda...
bumps in the back

XIII - Golondrinas

Swallows

Ahí la tienes ya, Platero, negrita y vivaracha, en su
Here it (you) have already Platero tiny black and vivacious in its

nido gris del cuadro de la Virgen de Montemayor, nido
nest gray of the painting of the Virgin of Montemayor nest

respetado siempre. Está la infeliz como asustada. Me
respected always Is the unhappy one like frightened Me
The poor devil is as if

parece que esta vez se han equivocado las
(it) seems that this time themselves (they) have mistaken the

pobres golondrinas, como se equivocaron, la semana
poor swallows like themselves (they) were wrong the week

pasada, las gallinas, recogiéndose en su cobijo cuando
past the hens gathering themselves in their shelter when

el sol de las dos se eclipsó. La primavera tuvo la
the sun of the two itself eclipsed The spring had the
went into eclipse

coquetería de levantarse este año más temprano, pero ha
coquetry of to rise itself this year more early but has

tenido que guardar de nuevo, tiritando, su tierna desnudez
had that to guard of new shivering its tender nakedness
than again

en el lecho nublado de marzo. ¡Da pena ver
in the bed cloudy of March (It) gives suffering to see
It's sad

marchitarse, en capullos, las rosas vírgenes del naranjal!
fade themselves in cocoons the roses virgins of the orange grove
buds

Están ya aquí, Platero, las golondrinas y apenas
(They) are already here Platero the swallows and hardly

se las oye, como otros años, cuando el primer día
themselves the listen like other years when the first day

de llegar lo saludan y lo curiosean todo, charlando
of arriving it (they) greeted and it (they) browsed all chatting

sin tregua en su rizado gorjeo. Le contaban a las
without truce in their curly twitter It (they) recounted to the
stop

flores lo que habían visto en Africa, sus dos viajes por
flowers it that (they) had seen in Africa their two travels by

el mar, echadas en el agua, con el ala por vela, o en
the sea thrown out in the water with the wing for sail or in
as

las jarcias de los barcos; de otros ocasos, de otras
the rigging of the boats of other sunsets of other

auroras, de otras noches con estrellas...
auroras of other nights with stars

No saben qué hacer. Vuelan mudas, desorientadas,
Not (they) know what to do (They) fly mute disoriented

como andan las hormigas cuando un niño les pisotea
like walk the ants when a child them tramples

el camino. No se atreven a subir y bajar
(on) the road Not themselves (they) dare to go up and to go down

por la calle Nueva en insistente línea recta con aquel
by the street New in insistent line direct with that

adornito al fin, ni a entrar en sus nidos de los
ornament at the end neither to enter in their nests of the

36

pozos, ni a ponerse en los alambres del telégrafo,
wells nor to put themselves on the wires of the telegraph

que el Norte hace zumbar, en su cuadro clásico de
that the North makes hum in its painting classic of

carteras, junto a los aisladores blancos... ¡Se van
cards together at the insulators white Themselves (they) go

a morir de frío, Platero!
to die of cold Platero

XIV - La cuadra

The stable

Cuando,	al	mediodía,	voy	a	ver	a	Platero,	un
When	at the	midday	(I) go	to	see	~~to~~	Platero	a

transparente	rayo	del	sol	de	las	doce	enciende	un
transparent	ray	of the	sun	of	~~the~~	twelve (twelve o'clock)	ignites	a

gran	lunar	de	oro	en	la	plata	blanda	de	su	lomo.	Bajo
great	moon	of	gold	in	the	silver	soft	of	its	loin	Under

su	barriga,	por	el	oscuro	suelo,	vagamente	verde,	que
its	belly	by	the .	dark	ground	vaguely	green	that

todo	lo	contagia	de	esmeralda,	el	techo	viejo	llueve
all	it	infects	of	emerald	the	roof canopy	old	it rains

claras	monedas	de	fuego.
clear	coins	of	fire

Diana,	que	está	echada	entre	las	patas	de	Platero,	viene
Diana	that who	is	cast	between	the	legs	of	Platero	comes

a	mí,	bailarina,	y	me	pone	sus	manos	en	el	pecho,
to	me	(as a) dancer	and	me	places	her	hands paws	on	the	breast

anhelando	lamerme	la	boca	con	su	lengua	rosa.	Subida
yearning	to lick me	the	mouth	with	her	tongue	pink	Risen

en	lo	más	alto	del	pesebre,	la	cabra	me	mira
in	the	most	high	of the	manger	the	goat	me	watches

curiosa,	doblando	la	fina	cabeza	de	un	lado	y	de
curiously	folding bending	the	delicate	head	of to	a one	side	and	of to

otro, con una femenina distinción. Entre tanto, Platero,
other with a feminine distinction Between so much Platero
another

que, antes de entrar yo, me había ya saludado con un
that before of to enter I me had already greeted with a
who

levantado rebuzno, quiere romper su cuerda, duro y
risen bray wants to break his cord hard and
loud rough

alegre al mismo tiempo.
happy at the same time

Por el tragaluz, que trae el irisado tesoro del
Through the skylight that brings the iridescent treasury of the

cenit, me voy un momento, rayo de sol arriba, al
zenith me (I) go a moment ray of sun up at the

cielo, desde aquel idilio. Luego, subiéndome a una
sky from that idyll After getting myself on to a

piedra, miro al campo.
stone (I) watch at the countryside

El paisaje verde nada en la lumbrarada florida y
The landscape green swims in the lighting flowering and

soñolienta, y en el azul limpio que encuadra el muro
sleepy and in the blue clean that frames the wall

astroso, suena, dejada y dulce, una campana.
ruinous sounds left and sweet a bell
abandoned

39

XV - El potro castrado
The castrated colt (The gelding)

Era negro, con tornasoles granas, verdes y azules,
(It) was black with sunflowers reddish green and blue

todos de plata, como los escarabajos y los cuervos. En
all of silver like the beetles and the crows In

sus ojos nuevos rojeaba a veces un fuego vivo, como en
his eyes new reddened at times a fire alive like in

el puchero de Ramona, la castañera de la plaza del
the soup of Ramona the chestnut tree of the square of the

Marqués. ¡Repiqueteo de su trote corto cuando, de la
Marquis Clacking of his trot short when from the

Friseta de arena, entraba, campeador, por los adoquines
Friseta of sand (he) entered champion by the cobblestones

de la calle Nueva! ¡Qué ágil, qué nervioso, qué agudo
of the street New What agile what nervous what sharp
                        How   how   how

fue, con su cabeza pequeña y sus remos finos!
(it) was with his head small and his oars fine
                                      limbs

Pasó, noblemente, la puerta baja del bodegón, más
(He) passed nobly the door low of the cantina more

negro que él mismo sobre el colorado sol del Castillo,
black that he himself over the colored sun of the Castle

que era fondo deslumbrante de la nave, suelto el
that was background dazzling of the ship loose the
                                          aisle

40

andar, juguetón con todo. Después, saltando el tronco de
walk playful with all After jumping the trunk of

pino, umbral de la puerta, invadió de alegría el corral
pine tree threshold of the door invaded of joy the corral
yard

verde, y de estrépito de gallinas, palomos y gorriones.
green and of racket of hens pigeons and sparrows

Allí lo esperaban cuatro hombres, cruzados los velludos
There it awaited four men crossed the hairy

brazos sobre las camisetas de colores. Lo llevaron bajo
arms on the shirts of colors It (they) took under
colored

la pimienta. Tras una lucha áspera y breve, cariñosa
the pepper (tree) After a fight rough and short gentle

un punto, ciega luego, lo tiraron sobre el estiércol
(at) one point blind after it (they) threw on the manure pile

y, sentados todos sobre él, Darbón cumplió su oficio,
and seated all on him Darbon fulfilled his office

poniendo un fin a su luctuosa y mágica hermosura.
putting an end to his mournful and magical beauty

Thy unus'd beauty must be tomb'd with thee,

Which used, lives th' executor to be.

—dice Shakespeare a su amigo—.
says Shakespeare to his friend

41

Quedó el potro, hecho caballo, blando, sudoroso,
Remained the foal made (into) horse soft sweaty

extenuado y triste. Un solo hombre lo levantó, y,
exhausted and sad One alone man it raised and
single

tapándolo con una manta, se lo llevó, lentamente, calle
covering it with a blanket himself it took slowly street

abajo.
down

¡Pobre nube vana, rayo ayer, templado y sólido!
Poor cloud gone ray yesterday mild and solid

Iba como un libro desencuadernado. Parecía que ya
(He) went like a book unbound Seemed that already

no estaba sobre la tierra, que entre sus herraduras y
not (he) was on the earth that between his horseshoes and

las piedras, un elemento nuevo lo aislaba, dejándolo sin
the stones an element new it isolated leaving it without

razón, igual que un árbol desarraigado, cual un recuerdo,
reason equal that a tree rootless which a memory
as like

en la mañana violenta, entera y redonda de primavera.
in the morning violent whole and round of spring

XVI - La casa de enfrente

The house in front

¡Qué encanto siempre, Platero, en mi niñez, el de la

What charm always Platero in my childhood that of the

casa de enfrente a la mía! Primero, en la calle de la

house of in front to the mine First in the street of the

Ribera, la casilla de Arreburra, el aguador, con su

Ribera the little house of Arreburra the water carrier with his

corral al Sur, dorado siempre de sol, desde donde

corral towards the South golden always of sun from where

yard

yo miraba Huelva, encaramándome en la tapia. Alguna

I watched Huelva climbing up on the wall Some

vez me dejaban ir, un momento, y la hija de

time me (they) let go one moment and the daughter of

Arreburra, que entonces me parecía una mujer y que

Arreburra that then me seemed a woman and that

who

ahora, ya casada, me parece como entonces, me daba

now already married me seems like then me gave

azamboas y besos

fruits and kisses

...Después, en la calle Nueva -luego Cánovas, luego Fray

After in the street New after Canovas after Fray

Juan Pérez-, la casa de don José, el dulcero de

Juan Perez the house of don Joseph the confectioner of

Sevilla, que me deslumbraba con sus botas de cabritilla
Seville that me dazzled with his boots of kid leather

de oro, que ponía en la pita de su patio cascarones
of gold that (he) set in the agave of his courtyard shells

de huevos, que pintaba de amarillo canario con fajas de
of eggs that painted of yellow canary with girdles of
he painted in canary yellow

azul marino las puertas de su zaguán, que venía, a
blue marine the doors of his hallway that came at
who

veces, a mi casa, y mi padre le daba dinero, y él
times to my house and my father him gave money and he

le hablaba siempre del olivar... ¡Cuántos sueños le ha
him talked always of the olive grove How many dreams it has

mecido a mi infancia esa pobre pimienta que, desde mi
rocked to my infancy that poor pepper (tree) that from my

balcón, veía yo, llena de gorriones, sobre el tejado de
balcony saw I full of sparrows on the roof of

don José! Eran dos pimientas, que no uní nunca:
don Joseph (There) were two peppers that not united never
pepper trees

una, la que veía, copa con viento o sol, desde mi
one the one that (I) saw cup with wind or sun from my
tree top

balcón; otra, la que veía en el corral de don José,
balcony other the one that (I) saw in the corral of don Joseph
yard

desde su tronco.
from his trunk

44

Las   tardes   claras,   las   siestas   de   lluvia,   a   cada   cambio
The   afternoons   clear   the   respites   of   rain   at   each   exchange

leve   de   cada   día   o   de   cada   hora,   ¡qué   interés,   qué
light   of   each   day   or   of   each   hour   what   interest   what

atractivo   tan   extraordinario,   desde   mi   cancela,   desde   mi
attractive   so   extraordinary   from   my   cancel   from   my
lattice gate

ventana,   desde   mi   balcón,   el   silencio   de   la   calle,   el   de
window   from   my   balcony   the   silence   of   the   street   that   of

la   casa   de   enfrente!
the   house   of   in front

XVII - El niño tonto

The kid fool (The half-wit child)

Siempre que volvíamos por la calle de San José,
Always that we came back for the street of San Joseph

estaba el niño tonto a la puerta de su casa, sentado
(there) was the child fool at the door of his house seated
the half-wit child

en su sillita, mirando el pasar de los otros. Era uno
in his little chair looking the to pass of the others (He) was one
passing

de esos pobres niños a quienes no llega nunca el don
of those poor children to whom not arrives never the gift

de la palabra ni el regalo de la gracia; niño alegre él
of the word nor the gift of the grace child happy he

y triste de ver; todo para su madre, nada · para los
and sad of to see everything to his mother nothing for the

demás.
others

Un día, cuando pasó por la calle blanca aquel mal
One day when passed by the street white that bad

viento negro, no estaba el niño en su puerta. Cantaba
wind black not was the child in his door Sang

un pájaro en el solitario umbral, y yo me acordé
a bird in the lonely threshold and I myself remembered

de Curros, padre más que poeta, que, cuando se
of Curros father more that poet that when himself
who

quedó sin su niño, le preguntó por él a la mariposa
remained without his child it asked for him to the butterfly

gallega:
galician

Volvoreta d'aliñas douradas ...
Butterfly of wings of gold

Ahora que viene la primavera, pienso en el niño tonto,
Now that comes the spring (I) think in the child fool
of

que desde la calle de San José se fué al cielo.
that from the street of San Joseph himself went to the heaven

Estará sentado en su sillita, al lado de las rosas,
(He) will be seated in his little chair at the side of the roses

viendo con sus ojos, abiertos otra vez, el dorado pasar
seeing with his eyes open other time the golden to pass
again passing

de los gloriosos.
of the glorious (ones)

XVIII - La fantasma

The ghost

La	mayor	diversión	de	Anilla	la	Manteca,	cuya	fogosa	y
The	greatest	fun	of	Anilla (Ring)	the	Fat (Butter)	whose	fiery	and

fresca	juventud	fue	manadero	sin	fin	de	alegrones,	era
cool	youth	was	fountain	without	end	of	joys	was

vestirse	de	fantasma.	Se	envolvía	toda	en	una
to dress herself	of as	ghost	Herself	(she) wrapped	all	in	a

sábana,	añadía	harina	al	azucenón	de	su	rostro,	se
sheet	added	flour	at the	lushness	of	her	face	herself

ponía	dientes	de	ajo	en	los	dientes,	y	cuando	ya,
set	teeth	of	garlic	in	the	teeth	and	when	already

después	de	cenar,	soñábamos	medio	dormidos,	en	la
after	of	to eat	(we) dreamed	half	asleep	in	the

salita,	aparecía	ella	de	improviso	por	la	escalera	de
living room	appeared	she	of	unexpected	by	the	stair(s)	of

mármol,	con	un	farol	encendido,	andando	lenta,	imponente
marble	with	a	lantern	switched on	walking	slow	imposing

y	muda.	Era,	vestida	ella	de	aquel	modo,	como	si	su
and	mute	(It) was	dressed	she	of in	that	manner	as	if	her

desnudez	se	hubiese	hecho	túnica.	Sí.	Daba	espanto	la
nakedness	itself	had	made	tunica	Yes	(It) gave	fright	the

visión	sepulcral	que	traía	de	los	altos	oscuros,	pero,
vision	sepulchral	that	brought	from	the	tall	darknesses	but

al   mismo   tiempo,   fascinaba   su   blancura   sola,   con   no
at the   same   time   fascinated   its   whiteness   single   with   not

sé   qué   plenitud   sensual
(I) know   what   fullness   sensual

Nunca   olvidaré,   Platero,   aquella   noche   de   setiembre.   La
Never   will forget   Platero   that   night   of   September   The

tormenta   palpitaba   sobre   el   pueblo   hacía   una   hora,   como
storm   throbbed   over   the   village   made   an   hour   like
  since

un   corazón   malo,   descargando   agua   y   piedra   entre   la
a   heart   bad   discharging   water   and   stone   between   the
  hail

desesperadora   insistencia   del   relámpago   y   del   trueno.
desperate   insistence   of the   lightning   and   of the   thunder

Rebosaba   ya   el   aljibe   e   inundaba   el   patio.   Los
Overflowed   already   the   cistern   and   flooded   the   courtyard   The

últimos   acompañamientos   -el   coche   de   las   nueve,   las
last   accompaniments   the   coach   of   the   nine   the

ánimas,   el   cartero-   habían   ya   pasado...   Fui,
souls   the   postman   had   already   passed   (I) was

tembloroso,   a   beber   al   comedor,   y   en   la   verde
trembling   to   drink   at the   dinning room   and   in   the   green

blancura   de   un   relámpago,   vi   el   eucalipto   de   las
whiteness   of   a   lightning   (I) saw   the   eucalyptus   of   the

Velarde   -el   árbol   del   cuco,   como   le   decíamos,   que   cayó
Velarde   the   tree   of the   cuckoo   as   it   (we) called   that   fell

aquella noche-, doblado todo sobre el tejado del
that night doubled all on the roof of the
               knotted

alpende...
tool shed

De pronto, un espantoso ruido seco, como la sombra de
Of soon a frightful noise dry as the shadow of

un grito de luz que nos dejó ciegos, conmovió la casa.
a shout of light that us let blind touched the house

Cuando volvimos a la realidad, todos estábamos en
When (we) came back to the reality all (we) were in

sitio diferente del que teníamos un momento antes y
site different of the that (we) had a moment before and
(a) place   than

como solos todos, sin afán ni sentimiento de los
like alone all without eagerness nor sadness of the

demás. Uno se quejaba de la cabeza, otro de los
other One himself complained of the head other of the

ojos, otro del corazón... Poco a poco fuimos tornando a
eyes other of the heart Little to little (we) went (re)turning to
                    by

nuestros sitios.
our sites
    places

Se alejaba la tormenta... La luna, entre unas nubes
Itself away the storm The moon between some clouds

enormes que se rajaban de abajo arriba, encendía
huge that themselves slit of down up lit

de	blanco	en	el	patio	el	agua	que	todo	lo	colmaba.
of with	white	in	the	courtyard	the	water	that	all	it	filled

Fuimos	mirándolo	todo.	Lord	iba	y	venía	a	la	escalera
Went	looking at him	all	Lord	went	and	came	to	the	stair(s)

del	corral,	ladrando	loco.	Lo	seguimos...	Platero,	abajo
of the	corral yard	barking	crazy	Him	(we) followed	Platero	down

ya,	junto	a	la	flor	de	noche	que,	mojada,	exhalaba
already	together	at	the	flower	of	night	that	wet	exhaled

un	nauseabundo	olor,	la	pobre	Anilla,	vestida	de	fantasma,
a	nauseating	smell	the	poor	Anilla (Ring)	dressed	of	ghost

estaba	muerta,	aún	encendido	el	farol	en	su	mano	negra
was	dead	still	switched on	the	lantern	in	her	hand	black

por	el	rayo.
for because of	the	ray

XIX - Paisaje grana
Red landscape

La cumbre. Ahí está el ocaso, todo empurpurado, herido
The summit Here is the sunset all purpled wounded

por sus propios cristales, que le hacen sangre por
by its own crystals that it do blood by
let

doquiera. A su esplendor, el pinar verde se agria,
everywhere To its splendor the pinewood green itself sours

vagamente enrojecido; y las hierbas y las florecillas,
vaguely flushed and the grasses and the little flowers

encendidas y transparentes, embalsaman el instante
lit and transparent embalm the instant
flaming

sereno de una esencia mojada, penetrante y luminosa.
serene of an essence wet penetrating and luminous

Yo me quedo extasiado en el crepúsculo. Platero, granas
I myself held in rapture in the dusk Platero red

de ocaso sus ojos negros, se va, manso, a un
of sunset his eyes black himself goes meek to an

charquero de aguas de carmín, de rosa, de violeta;
area of puddles of waters of carmine of pink of violet

hunde suavemente su boca en los espejos, que parece
(he) sinks gently his mouth in the mirrors that (it) seems

que se hacen líquidos al tocarlos él; y hay
that themselves make liquid at the touch them he and has
when he touches them there is

52

por su enorme garganta como un pasar profuso de
by his enormous throat like a to pass / passing profuse of

umbrías aguas de sangre.
shady waters of blood

El paraje es conocido, pero el momento lo trastorna y
The place is known / familiar but the moment it upsets / disturbs and

lo hace extraño, ruinoso y monumental. Se dijera, a
it makes strange ruinous and monumental Himself (you) said at

cada instante, que vamos a descubrir un palacio
each instant that (we) go to discover a palace

abandonado... La tarde se prolonga más allá de sí
abandoned The afternoon itself prolongs more there of itself

misma, y la hora, contagiada de eternidad, es infinita,
same and the hour infected of eternity is infinite

pacífica, insondable...
peaceful fathomless

—Anda, Platero...
Let's go Platero

XX - El loro

The parrot

Estábamos jugando con Platero y con el loro, en el
(We) were playing with Platero and with the parrot in the

huerto de mi amigo, el médico francés, cuando una
garden of my friend, the doctor French when a

mujer, desordenada y ansiosa, llegó cuesta abajo, hasta
woman, messy and anxious, arrived slope down until
up to

nosotros. Antes de llegar, avanzando el negro mirar
us Before of arriving advancing the black glance

angustiado a mí, me había suplicado:
distressed to me me (she) had begged

—Zeñorito: ¿ejtá ahí eze médico?
Zeñorito is here this doctor
(Señorito) (esta) (ese)

Tras ella venían ya unos chiquillos astrosos, que a
After her came already some little kids dirty, unkempt that at
who

cada instante, jadeando, miraban camino arriba; al fin,
each instant panting watched road up at the end

varios hombres que traían a otro, lívido y decaído.
various men that brought to (an)other livid and down
who

Era un cazador furtivo de esos que cazan venados en
(It) was a hunter furtive of those that hunt deer in
poacher

el coto de Doñana. La escopeta, una absurda escopeta
the preserve of Donana The shotgun an absurd shotgun

54

vieja amarrada con tomiza, se le había reventado, y
old tied up with rope itself him had exploded and

el cazador traía el tiro en un brazo.
the hunter brought the shot in an arm

Mi amigo se llegó, cariñoso, al herido, le levantó
My friend himself arrived affectionate at the wounded him raised

unos míseros trapos que le habían puesto, le lavó la
some miserable rags that him had set him washed the

sangre y le fue tocando huesos y músculos. De vez
blood and him was touching bones and muscles From time

en cuando me decía:
in when me said
to time

—Ce n'est rien...
This not is nothing
(French)

Caía la tarde. De Huelva llegaba un olor a marisma,
Fell the afternoon From Huelva arrived a smell to marsh
of

a brea, a pescado... Los naranjos redondeaban, sobre el
to pitch to fish The orange trees rounded on the
of of

poniente rosa, sus apretados terciopelos de esmeralda. En
west pink their tight velvets of emerald In

una lila, lila y verde, el loro, verde y rojo, iba y
a lilac lilac and green the parrot green and red went and

venía, curioseándonos con sus ojitos redondos.
came prying us with his little eyes round

55

Al   pobre cazador se   le   llenaban de sol las lágrimas
To the poor   hunter   himself   him filled   of sun the tears

saltadas; a   veces, dejaba oír   un ahogado grito. Y   el
jumped   at times   left   to hear a   drowned shout   And the

loro:
parrot

—Ce n'est   rien...
This not is   nothing

Mi   amigo   ponía   al   herido   algodones   y   vendas...
My   friend set   to the wounded cottons   and bandages

El   pobre   hombre:
The poor   man

—¡Aaay!
Aaay

Y   el   loro,   entre   las lilas:
And the parrot   between the lilacs

—Ce n'est rien...   Ce   n'est   rien...
This not is nothing This not is   nothing

XXI - La azotea

The terrace roof

Tú, Platero, no has subido nunca a la azotea. No
You Platero not (you) have risen never to the rooftop Not

puedes saber qué honda respiración ensancha el pecho
(you) can know what deep breath expands the chest

cuando al salir a ella de la escalerilla oscura de
when at the to exit to her from the little stairs dark of
at going out on

madera se siente uno quemado en el sol pleno del
wood oneself feels one burned in the sun full of the

día, anegado de azul como al lado mismo del cielo,
day overflowing of blue like to the side same of the sky

ciego del blancor de la cal, con la que, como
blind of the whiteness of the lime with it that as
whitewash

sabes, se da al suelo de ladrillo para que venga
(you) know itself gives at the ground of brick for that comes

limpia al aljibe el agua de las nubes.
clean to the cistern the water of the clouds

¡Qué encanto el de la azotea! Las campanas de la
What charm that of the rooftop The bells of the

torre están sonando en nuestro pecho, al nivel de
tower are ringing in our chest at the level of

nuestro corazón, que late fuerte; se ven brillar,
our heart that beats strong themselves (they) see shine

lejos en las viñas, los azadones, con una chispa de
far in the vineyards the mattocks with a gleam of

plata y sol; se domina todo: las otras azoteas; los
silver and sun itself dominates all the other rooftops the

corrales, donde la gente, olvidada, se afana, cada
corrals where the people forgotten themselves toil each
yards

uno en lo suyo -el sillero, el pintor, el tonelero-; las
one in it (of) his the chair-maker the painter the barrel-maker the

manchas de arbolado de los corralones, con el toro o la
spots of leafed of the large yards with the bull or the
(ón; large)

cabra; el cementerio, adonde a veces llega, pequeñito,
goat the graveyard to where at times arrives tiny

apretado y negro, un inadvertido entierro de tercera;
cramped and black an unwarned funeral of third (class)

ventanas con una muchacha en camisa que se peina,
windows with a girl in shirt that herself combs

descuidada, cantando; el río, con un barco que no acaba
without care singing the river with a boat that not ends

de entrar; graneros, donde un músico solitario ensaya el
of enter barns where a musician lonely teaches the
practices

cornetín, o donde el amor violento hace, redondo, ciego
cornet or where the love violent makes round blind
direct

y cerrado, de las suyas
and closed of the his
having its way

58

La casa desaparece como un sótano. ¡Qué extraña, por
The house disappears like a basement What strange through
How

la montera de cristales, la vida ordinaria de abajo:
the skylight of crystals the life ordinary of down(stairs)
panes

las palabras, los ruidos, el jardín mismo, tan bello
the words the sounds the garden same so beautiful

desde él; tú, Platero, bebiendo en el pilón, sin verme,
from it you Platero drinking in the trough without to see me

o jugando, como un tonto, con el gorrión o la tortuga!
or playing like a fool with the sparrow or the turtle

XXII - Retorno

Return

Veníamos	los	dos,	cargados,	de	los	montes:	Platero,
Let's go	the	two (of us)	loaded carrying a load	from	the	mountains	Platero

de	almoraduj;	yo,	de	lirios	amarillos.
of with	marjoram (plant)	I	of with	lilies	yellow

Caía	la	tarde	de	abril.	Todo	lo	que	en	el	poniente
Fell	the	afternoon	of	April	All	it	that	in	the	west

había	sido	cristal	de	oro,	era	luego	cristal	de	plata,	una
had	been	crystal	of	gold	was	after	crystal	of	silver	an

alegoría,	lisa	y	luminosa,	de	azucenas	de	cristal.
allegory	smooth	and	luminous	of	lilies	of	crystal

Después,	el	vasto	cielo	fue	cual	un	zafiro	transparente,
After	the	vast	sky	was	which like	a	sapphire	transparent

trocado	en	esmeralda.	Yo	volvía	triste...
exchanged	in into	emerald	I	returned	sad

Ya	en	la	cuesta,	la	torre	del	pueblo,	coronada	de
Already	on	the	slope	the	tower	of the	village	crowned	of with

refulgentes	azulejos,	cobraba,	en	el	levantamiento	de	la
radiant	tiles	covered	in	the	rising	of	the

hora	pura,	un	aspecto	monumental.	Parecía,	de	cerca,
hour	pure	an	aspect	monumental	Seemed	from	close

como una Giralda vista de lejos, y mi nostalgia de
like a Giralda sight from far and my nostalgia of

ciudades, aguda con la primavera, encontraba en ella un
cities sharp with the spring encountered in her a

consuelo melancólico.
consolation melancholically

Retorno... ¿Adónde? ¿De qué? ¿Para qué?
(I) return Where From what For what

Pero los lirios que venían conmigo olían más en la
But the lilies that came with me smell more in the

frescura tibia de la noche que se entraba; olían con
freshness warm of the night that itself entered (they) smell with

un olor más penetrante y, al mismo tiempo, más vago,
a smell more penetrating and at the same time more vague

que salía de la flor sin verse la flor, flor de
than left from the flower without itself to see the flower flower of

olor sólo, que embriagaba el cuerpo y el alma desde
smell only that intoxicates the body and the soul from

la sombra solitaria.
the shadow solitary

—¡Alma mía, lirio en la sombra! — dije.
Soul (of) mine lily in the shade (I) say

Y   pensé,   de   pronto,   en   Platero,   que   aunque   iba
And   (I) thought   of   soon   in   Platero   that   although   went

debajo   de   mí,   se   me   había,   como   si   fuera   mi
underneath of   me himself me   had   as   if   outside   my

cuerpo,   olvidado.
body   forgotten

XXIII - La verja cerrada
The closed gate

Siempre que íbamos a la bodega del Diezmo, yo
Always that/if (we) went to the (wine) cellar of the Diezmo I
(Tithe)

daba la vuelta por la pared de la calle de San Antonio
gave the turn by the wall of the street of San Antonio
passed

y me venía a la verja cerrada que da al
and myself came to the gate closed that gives to the
opens up

campo. Ponía mi cara contra los hierros y miraba a
countryside (I) set my face against the irons and watched to
bars

derecha e izquierda, sacando los ojos ansiosamente,
right and left drawing the eyes anxiously
straining

cuanto mi vista podía alcanzar. De su mismo umbral
as much as my sight could reach Of its same threshold
Right from its

gastado y perdido entre ortigas y malvas, una vereda
worn and lost between nettles and mallows a footpath

sale y se borra, bajando, en las Angustias. Y,
comes out and itself erases going down in the Angustias And
disappears

vallado suyo abajo, va un camino ancho y hondo
fenced (of) his down goes a road wide and deep
going down along its fence

por el que nunca pasé...
through it that never (I) passed

¡Qué mágico embeleso ver, tras el cuadro de hierros
What magic enchantment to see behind the frame of irons
bars

de la verja, el paisaje y el cielo mismos que fuera
of the gate the landscape and the sky themselves that outside

de ella se veían! Era como si una techumbre y
of her themselves (they) saw (It) was as if a roofing and
could be seen

una pared de ilusión quitaran de lo demás el
a wall of delusion will remove from the other the

espectáculo, para dejarlo solo a través de la verja
spectacle for to leave it alone at through of the gate

cerrada... Y se veía la carretera, con su puente y
closed And itself saw the paved road with its bridge and
was seen

sus álamos de humo, y el horno de ladrillos, y las
its poplars of smoke and the oven of bricks and the
(tiles)

lomas de Palos, y los vapores de Huelva, y al
hills of Palos and the fumes of Huelva and at the

anochecer, las luces del muelle de Riotinto y el
falling of the night the lights of the dock of Riotinto and the

eucalipto grande y solo de los Arroyos sobre el morado
eucalyptus large and lonely of the Streams on the purple

ocaso último...
sunset last

Los bodegueros me decían, riendo, que la verja no
The winemakers me were saying laughing that the gate not

tenía llave... En mis sueños, con las equivocaciones del
had (a) key In my dreams with the mistakes of the

64

pensamiento sin cauce, la verja daba a los más
thought without channel the gate gave to the most
sense opened

prodigiosos jardines, a los campos más maravillosos... Y
prodigious gardens to the fields most wonderful And

así como una vez intenté, fiado en mi pesadilla,
thus like one time (I) tried guaranteed in my nightmare

bajar volando la escalera de mármol, fui, mil
to go down flying the stair(s) of marble (I) was (a) thousand

veces, con la mañana, a la verja, seguro de hallar tras
times with the morning at the gate sure of to find behind
in

ella lo que mi fantasía mezclaba, no sé si queriendo
her it that my fantasy mixed not (I) knew if wanting

o sin querer, a la realidad...
or without to want to the reality
with

XXIV - Don José, el cura

Don Jose, the priest

Ya, Platero, va ungido y hablando con miel.
Already Platero (he) goes anointed and talking with honey
the priest goes suavely

Pero la que, en realidad, es siempre angélica, es su
But it that in reality is always angelic is his

burra, la señora.
donkey the lady

Creo que lo viste un día en su huerta, calzones de
(I) believe that him (I) saw one day in his guarden breeches of

marinero, sombrero ancho, tirando palabrotas y guijarros
sailor hat wide throwing swear words and cobblestones

a los chiquillos que le robaban las naranjas. Mil
at the little kids that him robbed the oranges (A) thousand

veces has mirado, los viernes, al pobre Baltasar, su
times (you) have looked the Fridays at the poor Baltasar his

casero, arrastrando por los caminos la quebradura, que
housekeeper dragging by the roads the breakage that
caretaker his hernia

parece el globo del circo, hasta el pueblo, para vender
seems the globe of the circus until the village for to sell
looks like a circus balloon to

sus míseras escobas o para rezar con los pobres por los
his miserable brooms or for to pray with the poor for the

muertos de los ricos...
dead of the rich

Nunca oí hablar más mal a un hombre ni remover
Never (I) heard talk more bad to a man nor remove
disturbe

con sus juramentos más alto el cielo. Es verdad que él
with his swears most high the heaven (It) is truth that he

sabe, sin duda, o al menos así lo dice en su
knows without doubt or at the least thus it (he) says in his

misa de las cinco, dónde y cómo está allí cada
mass of the five (o'clock) where and how is there each

cosa... El árbol, el terrón, el agua, el viento, la
thing The tree the clod (of earth) the water the wind the

candela, todo esto tan gracioso, tan blando, tan fresco,
candle all this so gracious so soft so fresh

tan puro, tan vivo, parece que son para él ejemplo
so pure so alive (it) seems that (they) are for him examples

de desorden, de dureza, de frialdad, de violencia, de
of disorder of hardness of frailty of violence of

ruina. Cada día, las piedras todas del huerto reposan la
ruin Each day the stones all of the garden repose the

noche en otro sitio, disparadas, en furiosa hostilidad,
night in (an)other site shot in furious hostility

contra pájaros y lavanderas, niños y flores.
against birds and washer women children and flowers

A la oración, se trueca todo. El silencio de don José
At the prayer itself barters all The silence of don Joseph
changes

se oye en el silencio del campo. Se pone
itself hears in the silence of the field Himself puts (on)

67

sotana,   manteo   y   sombrero de teja,   y   casi   sin
(the) cassock mantle   and   hat   of   tile   and almost without
                                 religious wide rimmed hat

mirada,   entra   en   el   pueblo   oscuro,   sobre   su   burra   lenta,
look   enters   in   the village   dark   on   his donkey   slow

como   Jesús   en   la   muerte...
as   Jesus   in   the   death

XXV - La primavera

The Spring

¡Ay, qué relumbres y olores!
Ay what lights and smells
how

¡Ay, cómo ríen los prados!
Ay how laugh the meadows

¡Ay, qué alboradas se oyen!
Ay what dawns themselves hear
how are heard

Romance Popular
Romantic (song) of the people

En mi duermevela matinal, me malhumora una
In my sleep-wake of the morning me gives a bad humour a
half sleep

endiablada chillería de chiquillos. Por fin, sin poder
bedeviled ruckus of little kids For end without power
At last

dormir más, me echo, desesperado, de la cama.
to sleep more me (I) throw desperate from the bed

Entonces, al mirar el campo por la ventana
Then at the to watch the field through the window
watching

abierta, me doy cuenta de que los que alborotan son
open me (I) give count of that those that scream are

los pájaros.
the birds

69

Salgo al huerto y canto gracias al Dios del día
(I) leave to the garden and sing thanks to the God of the day

azul. ¡Libre concierto de picos, fresco y sin fin! La
blue Free concert of beaks fresh and without end The

golondrina riza, caprichosa, su gorjeo en el pozo; silba
swallow twirls capricious its gurgle in the hole whistles
twitter well

el mirlo sobre la naranja caída; de fuego, la
the blackbird on the orange (tree) fallen of fire the

oropéndola charla, de chaparro en chaparro; el chamariz
golden oriole chats from scrub in scrub the siskin
to

ríe larga y menudamente en la cima del eucalipto,
laughs long and slowly on the top of the eucalyptus

y, en el pino grande, los gorriones discuten
and in the pine tree large the sparrows discuss

desaforadamente.
out of control
wildly

¡Cómo está la mañana! El sol pone en la tierra su
How is the morning The sun places in the earth its

alegría de plata y de oro; mariposas de cien colores
joy of silver and of gold butterflies of (a) hundred colors

juegan por todas partes; entre las flores, por la casa
play for all parts between the flowers for the house
in

—ya dentro, ya fuera—, en el manantial. Por
already inside already outside in the spring (water) By

70

doquiera, el campo se abre en estallidos, en crujidos,
everywhere the field itself opens in explosions in rustles

en un hervidero de vida sana y nueva.
in a boilerswarm of life healthy and new

Parece que estuviéramos dentro de un gran panal de
(It) seems that (we) would be inside of a great honeycomb of

luz, que fuese el interior de una inmensa y cálida rosa
light that was the interior of a huge and warm pink

encendida.
lit
fire

XXVI - El aljibe

The well

Míralo:	está	lleno	de	las	últimas	lluvias,	Platero.	No
Look	(it) is	full	of / with	the	last	rains	Platero	Not

tiene	eco,	ni	se	ve,	allá	en	su	fundo,	como	cuando
(it) has	echo	nor	itself	sees	there	in	its	bottom	like	when

está	bajo,	el	mirador	con	sol,	joya	policroma	tras	los
(it) is	low	the	belvedere	with	(the) sun	jewel	polychrome	behind	the multihued

cristales	amarillos	y	azules	de	la	montera.
crystals panes	yellow	and	blue	of	the	skylight

Tú	no	has	bajado	nunca	al	aljibe,	Platero.	Yo	sí;
You	not	have	gone down	never	to the	cistern	Platero	I	yes

bajé	cuando	lo	vaciaron,	hace	años.	Mira:	tiene
(I) went down	when	it	(they) emptied	makes	years / years ago	Look	(it) has

una	galería	larga,	y	luego	un	cuarto	pequeñito.	Cuando
a	gallery tunnel	long	and	after	a	room	tiny	When

entré	en	él,	la	vela	que	llevaba	se	me	apagó
(I) entered	in	it	the	candle	that	(I) took	himself	me	extinguished

y	una	salamandra	se	me	puso	en	la	mano.	Dos	fríos
and	a	salamander	itself	me	set	on	the	hand	Two	colds shivers

terribles	se	cruzaron	en	mi	pecho	cual	dos	espadas
terrible	themselves	crossed	in	my	chest	which like	two	swords

que se cruzaran como dos fémures bajo una
that themselves will cross like two femurs under a
(thighbones)

calavera ... Todo el pueblo está socavado de aljibes y
skull All the village is undermined of cisterns and
with

galerías, Platero. El aljibe, más grande es el del
galleries Platero The cistern most large is it of the
tunnels the one

patio del Salto del Lobo, plaza de la ciudadela
courtyard of the Leap of the Wolf square of the citadel

antigua del Castillo. El mejor es este de mi casa,
old of the Castle The best is this (one) of my house

que, como ves, tiene el brocal esculpido en una pieza
that as (you) see has the curb sculpted in a piece

sola de mármol alabastrino. La galería de la iglesia va
single of marble alabaster The gallery of the church goes
tunnel

hasta la viña de los Puntales y allí se abre al
until the vineyard of the Struts and there itself opens at the

campo, junto al río. La que sale del hospital
field next to the river The one that comes out of the hospital

nadie se ha atrevido a seguirla del todo, porque no
nobody itself has dared to follow her of the all because not
at

acaba nunca...
(it) ends never

Recuerdo, cuando era niño, las noches largas de
(I) remember when (I) was (a) child the nights long of

lluvias, en que me desvelaba el rumor sollozante del
rains in that / which me unveiled the sound sobbing of the

agua redonda que caía, de la azotea, en el aljibe.
water round that fell from the rooftop in the cistern

Luego, a la mañana, íbamos, locos, a ver hasta dónde
After at the morning (we) went mad to see until where

había llegado el agua. Cuando estaba hasta la boca,
had arrived the water When (it) was until the mouth

como está hoy, ¡qué asombro, qué gritos, qué admiración!
as (it) is today what surprise what shouts what admiration

...Bueno, Platero. Y ahora voy a darte un cubo de
Good Platero And now (I) go to give you a cube / bucketful of

esta agua pura y fresquita, el mismo cubo que se
this water pure and cool the same cube / bucketful that itself

bebía de una vez Villegas, el pobre Villegas, que tenía
drank of / at one time Villegas the poor Villegas that had

el cuerpo achicharrado ya del coñac y del
the body charred already of the cognac and of the

aguardiente...
schnapps

74

XXVII - El perro sarnoso
The mangy dog

Venía, a veces, flaco y anhelante, a la casa del
(It) came at times skinny and longing to the house of the

huerto. El pobre andaba siempre huido, acostumbrado
garden The poor (thing) walked always fled accustomed
shy habituated

a los gritos y a las pedreas. Los mismos perros le
to the shouts and to the stones The same dogs him

enseñaban los colmillos. Y se iba otra vez, en el
taught the teeth And itself went (an)other time in the
showed

sol del mediodía, lento y triste, monte abajo.
sun of the midday slow and sad mountain down

Aquella tarde, llegó detrás de Diana. Cuando yo salía,
That afternoon (it) arrived behind of Diana When I left

el guarda, que en un arranque de mal corazón había
the guard that in a start of bad heart had
who

sacado la escopeta, disparó contra él. No tuve tiempo
taken out the shotgun shooting against it Not (I) had time

de evitarlo. El mísero, con el tiro en las entrañas,
of to avoid it The wretched (one) with the shot in the entrails

giró vertiginosamente un momento, en un redondo aullido
turned dizzily a moment in a round howl
full

agudo, y cayó muerto bajo una acacia.
sharp and fell dead under an acacia

75

Platero miraba al perro fijamente, erguida la cabeza.
Platero looked at the dog fixedly upright the head

Diana, temerosa, andaba escondiéndose de uno en otro.
Diana fearful walked hiding herself from one in other

El guarda, arrepentido quizás, daba largas razones no
The guard regretful maybe gave long reasons not

sabía a quién, indignándose sin poder, queriendo
(he) knew to whom getting indignant without force wanting

acallar su remordimiento. Un velo parecía enlutecer el
to silence his remorse A veil seemed mourn the

sol; un velo grande, como el velo pequeñito que nublé
sun a veil large like the veil tiny that clouded

el sano Ojo del perro asesinado.
the sane Eye of the dog murdered

Abatidos por el viento del mar, los eucaliptos lloraban,
Lowered by the wind of the sea the eucalyptus cried

más reciamente cada vez hacia la tormenta, en el
more strongly each time towards the storm in the

hondo silencio aplastante que la siesta tendía por el
deep silence devastating that the siesta tended throughout the
                            than   spread

campo aún de oro, sobre el perro muerto.
field still of gold over the dog dead

XXVIII - Remanso

Backwater (Still waters)

Espérate, Platero... O pace un rato en ese prado tierno,
Wait / Platero / Or / pace / a / while / in / that / meadow / tender

si lo prefieres. Pero déjame ver a mí este remanso
if / it / (you) prefer / But / let me / see / to / me / this / backwater pool

bello, que no veo hace tantos años...
beautiful / that / not / (I) see / makes since / so many / years

Mira cómo el sol, pasando su agua espesa, le alumbra
Look / how / the / sun / passing / his / water / thick / (of) it / lights up

la honda belleza verdeoro, que los lirios de celeste
the / deep / beauty / green gold / that / the / lilies / of / sky blue

frescura de la orilla contemplan extasiados... Son
freshness / of / the / shore / (they) contemplate / ecstatic / (They) are

escaleras de terciopelo, bajando en repetido laberinto;
stairs / of / velvet / going down / in / repeated / labyrinth

grutas mágicas con todos los aspectos ideales que una
caverns / magical / with / all / the / aspects / ideal / that / a

mitología de ensueño trajese a la desbordada imaginación
mythology / of / dream / brought / to / the / overwhelmed / imagination

de un pintor interno; jardines venustianos que hubiera
of / a / painter / internal / gardens / of Venus / that / would have

creado la melancolía permanente de una reina loca de
created / the / melancholy / permanent / of / a / queen / mad / of with

grandes ojos verdes; palacios en ruinas, como aquel que
great eyes green palaces in ruins like that that

vi en aquel mar de la tarde, cuando el sol poniente
(I) saw in that sea of the afternoon when the sun west

hería, oblicuo, el agua baja... Y más, y más, y más;
hurt oblique the water low And more and more and more

cuanto el sueño más difícil pudiera robar, tirando a la
how much the dream most difficult could steal throwing to the

belleza fugitiva de su túnica infinita, al cuadro
beauty fugitive of his tunic infinite at the painting

recordado de una hora de primavera con dolor, en un
remembered of an hour of spring with pain in a

jardín de olvido que no existiera del todo... Todo
garden of forgetfulness that not existed of the all All
at

pequeñito, pero inmenso, porque parece distante, clave de
tiny but immense because (it) seems distant key of

sensaciones innumerables, tesoro del mago más viejo de
sensations innumerable treasury of the magician most old of

la fiebre...
the fever

Este remanso, Platero, era mi corazón antes. Así me lo
This backwater Platero was my heart before Thus (to) me it
pool

sentía, bellamente envenenado, en su soledad de
felt beautifully poisoned in its solitude of

prodigiosas exuberancias detenidas.. Cuando el amor
prodigious exuberances detained When the love

humano lo hirió, abriéndole su dique, corrió la sangre
(of) man it wounded opening its dam ran the blood

corrompida, hasta dejarlo puro, limpio y fácil, como el
corrupted until to leave it pure cleansed and easy as the

arroyo de los Llanos, Platero, en la más abierta, dorada
stream of the Flats Platero in the most open gilded

y caliente hora de abril.
and hot hour of April

A veces, sin embargo, una pálida mano antigua me lo
At times without hinder a pale hand old me it
doubt

trae a su remanso de antes, verde y solitario, y allí
brings to its backwater of before green and lonely and there

lo deja encantado, fuera de él, respondiendo a las
it leaves enchanted outside of it responding to the

llamadas claras, «por endulzar su pena», como Hylas a
calls clear for to sweeten his pain like Hylas to

Alcides en el idilio de Chénier, que ya te he
Alcides in the idyll of Chenier that already (to) you (I) have

leído, con una voz «desentendida y vana...»
read with a voice detached and conceited

79

XXIX - Idilio de abril

Idyll of April

Los niños han ido con Platero al arroyo de los
The children have gone with Platero to the stream of the

chopos, y ahora lo traen trotando, entre juegos
poplars and now him (they) bring jogging between games

sin razón y risas desproporcionadas, todo cargado de
without reason and laughs disproportionate all loaded of
                                                  carrying

flores amarillas. Allá abajo les ha llovido —aquella
flowers yellow There down them (it) has rained that

nube fugaz que veló el prado verde con sus hilos de
cloud fleeting that veil the meadow green with its threads of

oro y plata, en los que tembló, como en una lira de
gold and silver in those that trembled as in a lyre of

llanto, el arco iris—. Y sobre la empapada lana del
weeping the arch rainbow And on the soaked wool of the
            {arco iris}

asnucho, las campanillas mojadas gotean todavía.
little donkey the bluebells wet drip still

¡Idilio fresco, alegre, sentimental! ¡Hasta el rebuzno de
Idyll fresh happy sentimental Until the bray of
                                          Up to

Platero se hace tierno bajo la dulce carga llovida!
Platero itself makes tender under the sweet load rained

De cuando en cuando, vuelve la cabeza y arranca
From when in when (he) returns the head and rips out
        From time to time

las flores a que su bocota alcanza. Las campanillas,
the flowers to that his mouth reaches The bluebells

níveas y gualdas, le cuelgan, un momento, entre el
snowy and golden yellow him hung a moment between the

blanco babear verdoso y luego se le van a la
white drool greenish and after itself him go to the

barrigota cinchada. ¡Quién, como tú, Platero, pudiera
potbelly cinched Who like you Platero could

comer flores..., y que no le hicieran daño!
eat flowers and that not him (they) do damage

¡Tarde equívoca de abril!... Los ojos brillantes y vivos de
Late mistake of April The eyes shining and lively of

Platero copian toda la hora de sol y lluvia, en cuyo
Platero copy all the hour of sun and rain in whose

ocaso, sobre el campo de San Juan, se ve llover,
sunset on the field of San Juan itself sees rain

deshilachada, otra nube rosa.
frayed (an)other cloud pink

XXX - El canario vuela

The canary flies

Un	día,	el	canario	verde,	no	sé	cómo	ni	por	qué,
One	day	the	canary	green	not	(I) know	how	nor	for	what

voló	de	su	jaula.	Era	un	canario	viejo,	recuerdo	triste
flew	from	his	cage	(It) was	a	canary	old	memory	sad

de	una	muerta,	al	que	yo	no	había	dado	libertad
of	a	dead (person)	at the / at which	that	I	not	had	given	freedom

por	miedo	de	que	se	muriera	de	hambre	o	de	frío,
for	fear	of	that	itself	(it) would die	from	hunger	or	from	cold

o	de	que	se	lo	comieran	los	gatos.
or	from	that	itself	it	(they) eat	the	cats

Anduvo	toda	la	mañana	entre	los	granados	del	huerto,
Walked	all	the	morning	between	the	pomegranates	of the	garden

en	el	pino	de	la	puerta,	por	las	lilas.	Los	niños
in	the	pine tree	of	the	door	for	the	lilacs	The	children

estuvieron,	toda	la	mañana	también,	sentados	en	la
(they) were	all	the	morning	also	seated	in	the

galería,	absortos	en	los	breves	vuelos	del	pajarillo
gallery	absorbed	in	the	short	flights	of the	little bird

amarillento.	Libre,	Platero,	holgaba	junto	a	los	rosales,
yellow	Free	Platero	idled	together	at	the	rose bushes

jugando	con	una	mariposa.
playing	with	a	butterfly

A la tarde, el canario se vino al tejado de la
At the afternoon the canary itself came to the roof of the

casa grande, y allí se quedó largo tiempo, latiendo
house large and there itself remained (a) long time beating

en el tibio sol que declinaba. De pronto, y sin saber
in the warm sun that declined Of soon and without to know
Suddenly

nadie cómo ni por qué, apareció en la jaula, otra vez
nobody how nor for what (he) appeared in the cage other time

alegre.
happy

¡Qué alborozo en el jardín! Los niños saltaban,
What joy in the garden The children jumped out

tocando las palmas, arrebolados y rientes como auroras;
touching the palms flushed and laughing like auroras
clapping their hands

Diana, loca, los seguía, ladrándole a su propia y
Diana mad them followed barking at him at his own and

riente campanilla; Platero, contagiado, en un oleaje de
laughing little bell Platero infected in a surf of

carnes de plata, igual que un chivillo, hacía corvetas,
meats of silver equal that a jet black made horse jumps
fleshes as

giraba sobre sus patas, en un vals tosco, y poniéndose
turned on his legs in a waltz rough and putting himself

en las manos, daba coces al aire claro y suave...
on the hands gave kicks at the air clear and soft
front hoofs

XXXI - El demonio

The demon

De pronto, con un duro y solitario trote, doblemente
Of soon with a hard and lonely trot doubly
Suddenly

sucio en una alta nube de polvo, aparece, por la esquina
dirty in a high cloud of dust appears by the corner

del Trasmuro, el burro. Un momento después, jadeantes,
of the Trasmuro the donkey A moment after panting

subiéndose los caídos pantalones de andrajos, que les
lifting themselves the fallen pants of tatters that them
in

dejan fuera las oscuras barrigas, los chiquillos, tirándole
leave outside the dark bellies the little kids throwing him

rodrigones y piedras...
pieces of wood and stones

Es negro, grande, viejo, huesudo —otro arcipreste—,
(It) is black large old bony (an)other archpriest

tanto, que parece que se le va a agujerear la
so much that (it) seems that itself him (he) goes to pierce the

piel sin pelo por doquiera. Se para, y, mostrando
skin without hair for everywhere Itself stops and showing

unos dientes amarillos, como habones, rebuzna a lo alto
some teeth yellow like hives braying at the high
loud

ferozmente, con una energía que no cuadra a su
fiercely with an energy that not fits to his

desgarbada vejez... ¿Es un burro perdido? ¿No lo conoces,
ungainly old age Is (it) a donkey lost Not it (you) know

Platero? ¿Qué querrá? ¿De quién vendrá huyendo, con
Platero   What   would (it) want   Of   whom   will come   running away   with

ese trote desigual y violento?
that   trot   unequal   and   violent

Al verlo, Platero hace cuerno, primero, ambas orejas
At the   to see him   Platero   makes   horn   first   both   ears
At seeing him

con una sola punta, se las deja luego una en pie
with   a   single   point   himself   them   leaves   then   one   in   foot
                                                                        up

y otra descolgada y se viene a mí, y quiere
and   other   off the hook   and   himself   comes   to   me   and   wants
         hanging

esconderse en la cuneta, y huir, todo a un tiempo. El
to hide himself   in   the   ditch   and   to flee   all   at   a   time   The
                                                                    at the same time

burro negro pasa a su lado, le da un rozón, le
donkey   black   passes   at   his   side   him   gives   a   graze   him
              happens

tira la albarda, lo huele, rebuzna contra el muro del
pulled   the   packsaddle   him   smells   braying   against   the   wall   of the

convento y se va trotando, Trasmuro abajo...
convent   and   himself   goes   jogging   Trasmuro   down
                                                down Trasmuro street

...Es, en el calor, un momento extraño de escalofrío
Is (it)   in   the   heat   a   moment   strange   of   shiver

—¿mío, de Platero?— en el que las cosas parecen
(it) mine   of   Platero   in   it   that   the   things   seem

trastornadas, como si la sombra baja de un paño negro
overturned   as   if   the   shadow   low   of   a   cloth   black

ante el sol ocultase, de pronto, la soledad deslumbradora
before   the   sun   hide   of   soon   the   solitude   dazzling
                            suddenly

del recodo del callejón, en donde el aire, súbitamente
of the bend of the alley in where the air suddenly

quieto, asfixia... Poco a poco, lo lejano nos vuelve a lo
still suffocates Little to little the distance us turns to the
by

real. Se oye, arriba, el vocerío mudable de la plaza
reality Itself listens up the shouting mutable of the square
It is heard dynamic

del Pescado, donde los vendedores que acaban de llegar
of the Fish where the vendors that finished of to arrive
who just arrived

de la Ribera exaltan sus asedías, sus salmonetes, sus
from the Ribera exalt their wedge sole their mullets their
(acedias; fish) (fish)

brecas, sus mojarras, sus bocas; la campana de vuelta,
grey mullets their mojarras their mouths the bell of turn
(fish) tilapias (fish)

que pregona el sermón de mañana; el pito del
that proclaims the sermon of morning the whistle of the

amolador...
grinder

Platero tiembla aún, de vez en cuando, mirándome,
Platero trembles still of time in when glaring at me

acoquinado, en la quietud muda en que nos hemos
cuddled in the stillness mute in that us (we) have

quedado los dos, sin saber por qué...
become the two without to know for what

—Platero, yo creo que ese burro no es un burro...
Platero I believe that that donkey not is a donkey

Y Platero, mudo, tiembla de nuevo todo él de un
And Platero mute trembles of new all (of) him of one
again

solo temblor, blandamente ruidoso, y mira, huido, hacia
single tremor softly noisy and look fled towards
shy

la gavia, hosca y bajamente...
the ditch sullen and lowly
hunching

XXXII - Libertad

Liberty

Llamó	mi	atención,	perdida	por	las	flores	de	la
Called	my	attention	lost	between	the	flowers	of	the

vereda,	un	pajarillo	lleno	de	luz,	que,	sobre	el	húmedo
footpath	a	little bird	full	of	light	that	on	the	humid

prado	verde,	abría	sin	cesar	su	preso	vuelo
meadow	green	opened	without	stop	its	imprisoned	flight

policromo.	Nos	acercamos	despacio,	yo	delante,	Platero
polychrome	Ourselves	(we) approach	slowly	I	in front	Platero

detrás.	Había	por	allí	un	bebedero	umbrío,	y	unos
behind	Had / There was	by	there	a	drinker / drinking place	shady	and	some

muchachos	traidores	le	tenían	puesto	una	red	a	los
boys	traitors	it	(they) had	set	a	net	for	the

pájaros.	El	triste	reclamillo	se	levantaba	hasta	su
birds	The	sad	claimed (one) prisoner	itself	raised	until	his

pena,	llamando,	sin	querer,	a	sus	hermanos	del	cielo.
suffering	calling	without	to want	to	his	brothers	of the	sky

La	mañana	era	clara,	pura,	traspasada	de	azul.	Caía
The	morning	was	clear	pure	trespassed / overcast	of / with	blue	Fell

del	pinar	vecino	un	leve	concierto	de	trinos
from the	pinewood	neighbour	a	light	concert	of	trills

exaltados,	que	venía	y	se	alejaba,	sin	irse,	en	el
exalted	that	came	and	itself	distanced	without	to go itself	in	the

manso y áureo viento marero que ondulaba las copas.
meek and golden wind of the sea that rippled the cups
tree tops

¡Pobre concierto inocente, tan cerca del mal corazón!
Poor concert innocent so close of the bad heart

Monté en Platero, y, obligándolo con las piernas,
(I) mounted on Platero and forcing it with the legs

subimos, en un agudo trote, al pinar. En llegando
(we) went down in a sharp trot to the pinewood In arriving

bajo la sombría cúpula frondosa, batí palmas, canté,
under the gloomy dome leafy (I) beat (the) palms sing

grité. Platero, contagiado, rebuznaba una vez y otra,
screamed Platero infected brayed one time and other

rudamente. Y los ecos respondían, hondos y sonoros,
roughly And the echoes responded deep and sonorous

como en el fondo de un gran pozo. Los pájaros se
as in the bottom of a great hole The birds themselves
well

fueron a otro pinar, cantando.
went to (an)other pinewood singing

Platero, entre las lejanas maldiciones de los chiquillos
Platero between the far away curses of the little kids

violentos, rozaba su cabezota peluda contra mi corazón,
violent brushed his headstrong hairy against my heart

dándome las gracias, hasta lastimarme el pecho.
giving me the thanks until hurt myself the breast

XXXIII - Los Hungaros

The hungarians (The gypsies)

Míralos,	Platero,	tirados	en	todo	su	largor,	como
Look at these	Platero	thrown away	in	all	their	length	how

tienden	los	perros	cansados	el	mismo	rabo,	en	el	sol
(they) tend	the	dogs	tired	the	same	tail	in	the	sun

de	la	acera.
of	the	sidewalk

La	muchacha,	estatua	de	fango,	derramada	su	abundante
The	girl	statue	of	mud	spilled	her	abundant

desnudez	de	cobre	entre	el	desorden	de	sus	andrajos	de
nakedness	of	copper	between	the	disorder	of	her	tatters	of

lanas	granas	y	verdes,	arranca	la	hierbaza	seca	a	que
wool	sprinkled	and	green	rips out	the	weed	dry	to	that which

sus	manos,	negras	como	el	fondo	de	un	puchero,
her	hands	black	as	the	bottom	of	a	soup

alcanzan.	La	chiquilla,	pelos	toda,	pinta	en	la	pared,	con
reach	The	little girl	hairs all hair disheveled		stains draws	on	the	wall	with

cisco,	alegorías	obscenas.	El	chiquillo	se	orina	en	su
coaldust	allegories	obscene	The	little boy	himself	urines	on	his·

barriga	como	una	fuente	en	su	taza,	llorando	por	gusto.
belly	like	a	fountain	in	its	cup	crying	for of	pleasure

El	hombre	y	el	mono	se	rascan,	aquél	la
The	man	and	the	monkey	themselves	scratch	that one	the

greña,   murmurando,   y   éste   las   costillas,   como   si
mop   muttering   and   this (one)   the   ribs   as   if

tocase   una   guitarra.
(he) plays   a   guitar

De   vez   en   cuando,   el   hombre   se   incorpora,   se
From   time   in   when   the   man   himself   incorporates   itself
      to   time   gets up

levanta   luego,   se   va   al   centro   de   la   calle   y   golpea
rises   after   itself   goes   to the   center   of   the   street   and   hits

con   indolente   fuerza   el   pandero,   mirando   a   un   balcón.
with   indolent   force   the   tambourine   looking   at   a   balcony

La   muchacha,   pateada   por   el   chiquillo,   canta,   mientras
The   girl   kicked   by   the   little boy   sings   while

jura,   desgarradamente   una   desentonada   monotonía.   Y
(she) swears   heartbreakingly   an   out of tune   monotony   And

el   mono,   cuya   cadena   pesa   más   que   él   da   una   vuelta
the   monkey   whose   chain   weighs   more   than   him   gives   a   turn

de   campana   y   luego   se   pone   a   buscar   entre   los
of   bell   and   after   himself   sets   to   search   between   the

chinos   de   la   cuneta   uno   más   blando.
pebbles   of   the   ditch   one   most   soft
                                       round

Las   tres...   El   coche   de   la   estación   se   va,   calle   Nueva
The   three   The   coach   of   the   station   itself   goes   street   New

arriba.   El   sol,   solo.
up   The   sun   alone

—Ahí tienes, Platero, el ideal de la familia de Amaro...
Here (you) have Platero the ideal of the family of Love

Un hombre como un roble, que se rasca; una mujer,
A man like an oak that/who himself scratches a wife

como una parra, que se echa; dos chiquillos, ella y
like a vine that/who herself throws/binds two little kids her and

él, para seguir la raza, y un mono, pequeño y débil
he for to follow the race and a monkey little and weak

como el mundo, que les da de comer a todos,
like the world that them gives of to eat to all

cogiéndose las pulgas.
catching (of) themselves the fleas

XXXIV - La novia

The fiancee

El claro viento del mar sube por la cuesta roja, llega
The clear wind of the sea goes up by the slope red arrives

al prado del cabezo, ríe entre las tiernas florecillas
at the meadow of the head laughs between the tender little flowers
hilltop

blancas; después, se enreda por los pinetes sin
white after itself entangles by the little pines without

limpiar y mece, hinchándolas como velas sutiles, las
to clean and swings swelling them like candles subtle the

encendidas telarañas celestes, rosas, de oro. .. Toda la
lit spider webs celestial roses of gold All the
flaming

tarde es ya viento marino. Y el sol y el viento
afternoon is already wind from the sea And the sun and the wind

¡dan un blando bienestar al corazón!
give a soft wellness to the heart

Platero me lleva, contento, ágil, dispuesto.
Platero me carries pleased agile ready

Se dijera que no le peso. Subimos, como si
Oneself (you) would say that not him (it) weighs (We) went down as if
One would say

fuésemos cuesta abajo, a la colina. A lo lejos, una
(we) went slope down at the hill To the distance a

cinta de mar, brillante, incolora, vibra, entre los últimos
ribbon of sea brilliant colorless vibrates between the last

pinos, en un aspecto de paisaje isleño. En los prados
pine trees in an aspect of landscape (of) island In the meadows

verdes, allá abajo, saltan los asnos trabados, de mata
green there down jump the donkeys stuck from kill

en mata.
in kill

Un estremecimiento sensual vaga por las cañadas.
A shudder sensual vague by the glens

De pronto, Platero yergue las orejas, dilata las levantadas
Of soon Platero stands up the ears expands the raised
Suddenly

narices, replegándolas hasta los ojos y dejando ver las
nostrils folding them until the eyes and leaving to see the

grandes habichuelas de sus dientes amarillos. Está
great beans of his teeth yellow (He) is

respirando largamente, de los cuatro vientos, no sé
breathing long of the four winds not (I) know

qué honda esencia que debe transirle el corazón. Sí.
what deep essence that must transfer him the heart Yes

Ahí tiene ya, en otra colina, fina y gris sobre el
Here has already in other hill delicate and gray on the
there is

cielo azul, a la amada. Y dobles rebuznos, sonoros y
sky blue to the beloved And double braying sonorous and

largos, desbaratan con su trompetería la hora luminosa
large (they) disrupt with his trumpetry the hour luminous

y caen luego en gemelas cataratas.
and fall after in twin waterfalls

94

He tenido que contrariar los instintos amables de mi
(I) have had that oppose the instincts friendly of my
           to

pobre Platero. La bella novia del campo lo ve pasar,
poor Platero. The beautiful fiancee of the field him sees pass

triste como él, con sus ojazos de azabache cargados de
sad as him with her big eyes of black amber loaded of

estampas. ¡Inútil pregón misterioso, que ruedas
prints Useless proclamation mysterious that rolls
      Vain

brutalmente, como un instinto hecho carne libre, por las
brutally like an instinct made flesh free through the

margaritas!
daisies

Y Platero trota dócil, intentando a cada instante
And Platero jogs docile trying at each instant

volverse, con un reproche en su refrenado trotecillo
to turn himself with a reproach in his restrained trot

menudo:
often

—Parece mentira, parece mentira, parece mentira...
(It) seems (a) lie (it) seems (a) lie (it) seems (a) lie

XXXV - La sanguijuela
The leech

Espera. ¿Qué es eso, Platero? ¿Qué tienes?
Wait   What is that Platero What (do you) have

Platero está echando sangre por la boca. Tose y
Platero is throwing blood through the mouth (He) coughs and
         coughing

va despacio, más cada vez. Comprendo todo en un
goes slowly more each time (I) understand all in a

momento. Al pasar esta mañana por la fuente de
moment At the to pass this morning by the fountain of
              passing

Pinete, Platero estuvo bebiendo en ella. Y aunque
Pinete Platero was drinking in her And although
                                    from

siempre bebe en lo más claro y con los dientes
always (he) drinks in the most clear and with the teeth

cerrados, sin duda una sanguijuela se le ha agarrado
closed without doubt a leech itself him has stuck

a la lengua o al cielo de la boca
to the tongue or at the heaven of the mouth
                     roof

—Espera, hombre. Enseña...
Wait   man   Show (me)

96

Le pido ayuda a Raposo, el aperador, que baja
Him (I) request help to Raposo the wheelwright that low
who goes down

por allí del Almendral, y entre los dos intentamos
by there from the Almendral and between the two (we) try

abrirle a Platero la boca. Pero la tiene como trabada
to open it to Platero the mouth But it (he) has like stuck

con hormigón romano. Comprendo con pena que el
with cement Roman (I) understand with suffering that the

pobre Platero es menos inteligente de lo que yo me
poor Platero is less intelligent of it that I me
than

figuro...
figured
imagined

Raposo coge un rodrigón gordo, lo parte en cuatro y
Raposo grabs a stick fat it parts in four and

procura atravesarle un pedazo a Platero en las
tries to stick it through a piece to Platero in the

quijadas... No es fácil la empresa. Platero alza la cabeza
jaws Not is easy the enterprise Platero rises the head

al cenit levantándose sobre las patas, huye, se
to the zenith lifting himself on the legs flees itself

revuelve.. Por fin, en un momento sorprendido, el palo
returns By end in a moment surprised the stick
At last

entra de lado en la boca de Platero. Raposo se
enters from (the) side in the mouth of Platero Raposo himself

sube	en	el	burro	y	con	las	dos	manos	tira	hacia
goes up	on	the	donkey	and	with	the	two	hands	pulls	towards

atrás	de	los	salientes	del	palo	para	que	Platero	no	lo
behind	of	the	ends	of the	stick	for so	that	Platero	not	it

suelte.
lets go

Sí,	allá	dentro	tiene,	llena	y	negra,	la	sanguijuela.	Con
Yes	there	inside	has there is	full	and	black	the	leech	With

dos	sarmientos	hechos	tijera	se	la	arranco...	Parece
two	grapevines	made	scissor(s)	myself	it	tear out	(It) seems

un	costalillo	de	almagra	o	un	pellejillo	de	vino	tinto;	y,
a	little bag	of	red ochre	or	a	little skin	of	wine	red	and

contra	el	sol,	es	como	el	moco	de	un	pavo	irritado
against	the	sun	(it) is	like	the	crest	of	a	turkey	excited

por	un	paño	rojo.	Para	que	no	saque	sangre	a
by	a	cloth	red	For	that	not	(it) takes out	blood	to

ningún	burro	más,	la	corto	sobre	el	arroyo,	que	un
no	donkey	more	it	(I) cut	over	the	stream	that	a

momento	tiñe	de	la	sangre	de	Platero	la	espumela	de
moment	stains	of	the	blood	of	Platero	the	foam	of

un	breve	torbellino...
a	short	whirlpool

XXXVI - Las tres viejas

The three old women

Súbete	aquí	en	el	vallado,	Platero.	Anda.	Vamos	a	dejar
Climb up	here	on	the	bank	Platero	Go	(We) go	to	let

que	pasen	esas	pobres	viejas...
that	pass	those	poor	old women

Deben	venir	de	la	playa	o	de	los	montes.	Mira.
(They) must	come	from	the	beach	or	from	the	mountains	Look

Una	es	ciega	y	las	otras	dos	la	traen	por	los	brazos.
One	is	blind	and	the	other	two	her	bring	by	the	arms

Vendrán	a	ver	a	don	Luis,	el	médico,	o	al
(They) will come	to	see	to	don	Luis	the	doctor	or	to the

hospital...	Mira	qué	despacito	andan,	qué	cuido	qué
hospital	Look	what	slow	(they) walk	what	careful	what
		how			how		how

mesura	ponen	las	dos	que	ven	en	su	acción.	Parece
measured	(they) set	the	two	that	come	in	their	action	(It) seems

que	las	tres	temen	a	la	misma	muerte.	¿Ves	cómo
that	the	three	fear	to	the	same	death	(You) see	how
				for					

adelantan	las	manos	cual	para	detener	el	aire	mismo,
(they) put forward	the	hands	which	for	to stop	the	air	same
			as if					

apartando	peligros	imaginarios,	con	mimo	absurdo,	hasta
moving away	dangers	imaginary	with	care	absurd	until
						even to

las	más	leves	ramitas	en	flor,	Platero?
the	most	light	little branches	in	flower	Platero

Que te caes, hombre... Oye qué lamentables palabras
That you fall man Listen what pitiful words
Watch out

van diciendo. Son gitanas. Mira sus trajes
(they) go saying (They) are gypsies Look at their dresses

pintorescos, de lunares y volantes. ¿Ves? Van
colorful of moons and flounces See (They) go
polka dots

a cuerpo, no caída, a pesar de la edad, su esbeltez.
at body not fallen at weight of the age their figures
braless sagging

Renegridas, sudorosas, sucias, perdidas en el polvo con
Blackened sweaty dirty lost in the dust with

sol de mediodía, aún una flaca hermosura recia las
sun of midday still a flaking beauty vigorous them

acompaña, como un recuerdo seco y duro...
accompanies like a memory dry and hard

Míralas a las tres, Platero. ¡Con qué confianza llevan
Look at them at the three Platero With what confidence (they) carry

la vejez a la vida, penetradas por la primavera esta
the old age to the life penetrated by the spring this
same

que hace florecer de amarillo el cardo en la vibrante
that makes flower of yellow the thistle in the vibrant
with

dulzura de su hervoroso sol!
sweetness of its boiling sun

XXXVII - La carretilla
The little cart

En   el   arroyo   grande,   que   la   lluvia   había   dilatado   hasta
In   the   stream   large   that   the   rain   had   dilated   until
widened

la   viña,   nos   encontramos,   atascada,   una   vieja   carretilla,
the   vineyard   us   (we) find   stuck   a   old   little cart

perdida   toda   bajo   su   carga   de   hierba   y   de   naranjas.
lost   all   under   its   load   of   grass   and   of   oranges

Una   niña,   rota   y   sucia,   lloraba   sobre   una   rueda,
A   girl   broken   and   filthy   cried   over   a   wheel
torn clothes

queriendo   ayudar   con   el   empuje   de   su   pechillo   en   flor
wanting   to help   with   the   push   of   her   little breast   in   flower

al   borricuelo,   más   pequeño,   ¡ay!,   y   más   flaco   que
to the   little donkey   more   little   ay   and   more   skinny   than

Platero.   Y   el   borriquillo   se   despechaba   contra   el
Platero   And   the   little donkey   itself   raged   against   the

viento,   intentando,   inútilmente,   arrancar   del   fango   la
wind   trying   uselessly   to pull   from the   mud   the

carreta,   al   grito   sollozante   de   la   chiquilla.   Era   vano   su
cart   at the   shout   sobbing   of   the   little girl   Was   vain   its

esfuerzo,   como   el   de   los   niños   valientes,   como   el   vuelo
effort   as   that   of   the   children   valient   like   the   flight

de   esas   brisas   cansadas   del   verano   que   se   caen,
of   those   breezes   tired   of the   summer   that   themselves   fall

en   un   desmayo,   entre   las   flores.
in   a   swoon   between   the   flowers

Acarició   a   Platero,   y,   como   pude,   lo   enganché   a   la
(I) petted ~~to~~ Platero   and   as   (I) could him   hitched   to   the

carretilla,   delante   del   borrico   miserable.   Le   obligué,
little cart   in front   of the   donkey   miserable   Him   (I) obliged

entonces,   con   un   cariñoso   imperio,   y   Platero,   de   un
then   with   an   affectionate   imperious   and   Platero   of   a
                                                                            with

tirón,   sacó   carretilla   y   rucio   del   atolladero,   y
jerk   took out   little cart   and   gray (donkey)   from the   mire   and

les   subió   la   cuesta.
them   pulled up   the   slope

¡Qué   sonreír   el   de   la   chiquilla!   Fue   como   si   el   sol   de
What   smile   that   of   the   little girl   Was   as   if   the   sun   of

la   tarde,   que   se   quebraba,   al   ponerse   entre   las
the   afternoon   that   itself   broke   at the   to put itself   between   the

nubes   de   agua,   en   amarillos   cristales,   le   encendiese   una
clouds   of   water   in   yellow   crystals   him   lit   a
                                                              panes

aurora   tras   sus   timadas   lágrimas.
dawn   after   her   soiled   tears

Con   su   llorosa   alegría,   me   ofreció   dos   escogidas
With   her   tearful   joy   me   (she) offered   two   chosen

naranjas,   finas,   pesadas,   redondas.   Las   tomé,   agradecido,
oranges   fine   heavy   round   Them   (I) took   thankful

y le di una al borriquillo débil, como dulce consuelo;
and it gave a to the little donkey weak as sweet consolation

otra a Platero, como premio áureo.
(the) other to Platero like prize golden

XXXVIII - El pan

The bread

Te	he	dicho,	Platero,	que	el	alma	de	Moguer	es
You	(I) have	said	Platero	that	the	soul	of	Moguer (author's village)	is

el	vino,	¿verdad?	No;	el	alma	de	Moguer	es	el	pan.
the	wine	true	No	the	soul	of	Moguer	is	the	bread

Moguer	es	igual	que	un	pan	de	trigo,	blanco	por
Moguer	is	equal	that as	a	bread	of	wheat	white	for at the

dentro,	como	el	migajón,	y	dorado	en	torno	—¡oh	sol
inside	like	the	crumb	and	golden	in	turn	oh	sun

moreno!—	como	la	blanda	corteza.
dark	like	the	soft	crust

A	mediodia,	cuando	el	sol	quema	más,	el	pueblo	entero
At	middle-day noon	when	the	sun	burns	most	the	village	entire

empieza	a	humear	y	a	oler	a	pino	y	a	pan
starts	to	smoke	and	to	smell	at	pine tree	and	to	bread

calentito.	A	todo	el	pueblo	se	le	abre	la	boca.	Es
warmed a little	At	all	the	village	itself	it	opens	the	mouth	(It) is

como	una	gran	boca	que	come	un	gran	pan.	El	pan
like	a	great	mouth	that	eats	a	great	bread	The	bread

se	entra	en	todo:	en	el	aceite,	en	el	gazpacho,	en	el
itself	enters	in	all	in	the	olive oil	in	the	cold soup	in	the

queso	y	la	uva,	para	dar	sabor	a	beso,	en	el	vino,
cheese	and	the	grape	for	to give	taste	to	kiss	in	the	wine

en el caldo, en el jamón, en él mismo, pan con pan.
in the warmth broth / in the ham / in he same / bread with bread

También solo, como la esperanza, o con una ilusión...
Also alone / like the hope / or with an illusion

Los panaderos llegan trotando en sus caballos, se
The bakers arrive trotting on their horses themselves

paran en cada puerta entornada, tocan las palmas y
stop on each door turned (they) play the palms and
at half open

gritan: «¡El panaderooo!...» Se oye el duro ruido tierno
shout The baaaaker Itself hears the hard noise tender
There is heard

de los cuarterones que, al caer en los canastos que
of the quarters that at the to fall in the baskets that
flat loafs falling

brazos desnudos levantan, chocan con los bollos, de las
arms bare raise shock with the rolls of the

hogazas con las roscas.
loafs with the rolls

Y los niños pobres llaman, al punto, a las
And the children poor (they) call at the point at the

campanillas de las cancelas o a los picaportes de los
little bells of the little portal gates or to the prick-doors of the
latches

portones, y lloran largamente hacia adentro: ¡Un
doors and cry long towards inside A

poquiiiito de paaan!...
little bit of breaaad

XXXIX - Aglae

Aglae (Beauty)

¡Qué reguapo estás hoy, Platero! Ven aquí.. ¡Buen
What very good looking (you) are today Platero Look here Good
How

jaleo te ha dado esta mañana la Macaria! Todo lo que
fuss you has given this morning the Macaria All it that

es blanco y todo lo que es negro en ti luce y
is white and all it that is black in you looks and

resalta como el día y como la noche después de la
highlights like the day and like the night after of the

lluvia. ¡Qué guapo estás, Platero!
rain What handsome (you) are Platero
How

Platero, avergonzado un poco de verse así, viene a
Platero ashamed a little of himself to see thus comes to

mí, lento, mojado aún de su bañio, tan limpio que
me slow wet still from his bath so cleansed that

parece una muchacha desnuda. La cara se le ha
(he) seems a girl undressed The face herself him has
itself

aclarado, igual que un alba, y en ella sus ojos grandes
cleared up equal that a dawn and in her his eyes great
like it

destellan vivos, como si la más joven de las Gracias les
(they) flash lively as if the most young of the Graces them

hubiera prestado ardor y brillantez.
would have borrowed ardour and brilliance

106

Se lo digo, y en un súbito entusiasmo fraternal, le
Itself it (I) say and in a sudden enthusiasm fraternal him

cojo la cabeza, se la revuelvo en cariñoso apretón,
grabbed the head itself her (I) turn in affectionate grip
it

le hago cosquillas... El, bajos los ojos, se defiende
him (I) do tickles He lowers the eyes himself defends

blandamente con las orejas, sin irse, o se
softly with the ears without to go himself or himself

liberta, en breve correr, para pararse de nuevo
frees in short co-create for to stop himself of new
again

en seco, como un perrillo juguetón.
in dry like a little dog playful
suddenly

—Qué guapo estás, hombre! — le repito.
What handsome (you) are man him (i) repeat

Y Platero, lo mismo que un niño pobre que estrenara
And Platero the same that a child poor that will premiere
as

un traje, corre tímido, hablándome, mirándome en su
a dress runs shy talking to me glaring at me in his

huida con el regocijo de las orejas, y se queda
flight with the joy of the ears and himself stays

haciendo que come unas campanillas coloradas, en la
making that (he) eats some bluebells red in the
acting at

puerta de la cuadra.
door of the stable

107

Aglae,   la donadora de bondad y   de hermosura,
Aglae   the   donor   of kindness and of   beauty
(One of the graces)

apoyada en el   peral   que ostenta triple copa de hojas,
supported in the pear tree that   holds   triple cup   of leaves
                                                    tops

de peras y   de gorriones, mira   la escena sonriendo,
of pears and of   sparrows   watches the scene   smiling

casi invisible en la transparencia del   sol matinal.
almost invisible in the transparency of the sun of the morning

XL - El pino de la corona
The pine tree of the crown

Dondequiera que paro, Platero, me parece que paro bajo
Wherever that (I) stop Platero me (it) seems that (I) stop under

el pino de la Corona. Adondequiera que llego
the pine tree of the Crown Wherever that (I) arrive

—ciudad, amor, gloria— me parece que llego a su
city love glory me (it) seems that (I) arrive at its

plenitud verde y derramada bajo el gran cielo azul de
fullness green and spilled under the great sky blue of

nubes blancas. El es faro rotundo y claro en los
clouds white It is (a) beacon round and clear in the

mares difíciles de mi sueño, como lo es de los marineros
seas difficult of my sleep as it is of the sailors

de Moguer en las tormentas de la barra; segura cima de
of Moguer in the storms of the bar sure top of

mis días difíciles, en lo alto de su cuesta roja y
my days difficult in the height of its slope red and

agria, que toman los mendigos, camino de Sanlúcar.
bitter that take the beggars road of Sanlucar

¡Qué fuerte me siento siempre que reposo bajo su
What strong myself (I) feel always that (I) repose under its
How as

recuerdo! Es lo único que no ha dejado, al crecer yo,
memory Is it only that not has left at the grow up I

de ser grande, lo único que ha sido mayor cada vez.
of to-be large/adult the only-(thing) that has been greater each time

Cuando le cortaron aquella rama que el huracán le
When him (they)-cut-off that branch that the hurricane him

tronchó, me pareció que me habían arrancado un
broke-off me (it)-seemed that me (they)-had ripped a

miembro; y, a veces, cuando cualquier dolor me coge de
member and at times when whatever pain me grabs of

improviso, me parece que le duele al pino de la
unexpected me (it)-seems that him (it)-hurts at-the pine-tree of the

Corona.
Crown

La palabra magno le cuadra como al mar, como al
The word great it fits as to-the sea as to-the

cielo y como a mi corazón. A su sombra, mirando las
sky and as to my heart At its shadow looking the

nubes, han descansado razas y razas por siglos, como
clouds have rested races and races for centuries as

sobre el agua, bajo el cielo y en la nostalgia de mi
on the water under the heaven and in the nostalgia of my

corazón. Cuando, en el descuido de mis pensamientos, las
heart When in the neglect of my thoughts the

imágenes arbitrarias se colocan donde quieren, o en
images arbitrary themselves place where (they)-want or in

esos instantes en que hay cosas que se ven cual
those instants in that there-are things that themselves look like

110

en una visión segunda y a un lado de lo distinto, el
in a vision second and at a side of it distinct the

pino de la Corona, transfigurado en no sé qué
pine tree of the Crown transfigured in not (I) know what

cuadro de eternidad, se me presenta, más rumoroso y
painting of eternity itself me presents more noisy and

más gigante aún, en la duda, llamándome a descansar a
more giant still in the doubt calling me to rest at

su paz, como el término verdadero y eterno de mi
its peace like the end true and eternal of my

viaje por la vida.
journey through the life

XLI - Darbón

Darbon

Darbón, el médico de Platero, es grande como el buey
Darbon the medic of Platero is large as the ox

pío, rojo como una sandía. Pesa once
pious red like a watermelon (He) weighs eleven

arrobas. Cuenta, según él, tres duros de edad.
arrobas (He) counts according to him three duros of age
(ancient 11.5 kg unit)

Cuando habla, le faltan notas, cual a los pianos
When (he) speaks him miss notes which to the pianos
like

viejos; otras veces, en lugar de palabra, le sale un
old other times in place of word him comes out an

escape de aire. Y estas pifias llevan un acompañamiento
escape of air And these mistakes carry an accompaniment

de inclinaciones de cabeza, de manotadas ponderativas, de
of inclinations of head of slaps weighted of

vacilaciones chochas, de quejumbres de garganta y
hesitations doddering of complaints of throat and

salivas en el pañuelo, que no hay más que pedir. Un
saliva in the handkerchief that not has more that ask for An
there is than

amable concierto para antes de la cena.
amiable concert for before of the dinner

No le queda muela ni diente, y casi sólo come
Not him stays molar nor tooth and almost only (he) eats

migajón de pan, que ablanda primero en la mano.
crumbs of bread that softens first in the hand
soft inside

Hace una bola y ¡a la boca roja! Allí la tiene
(He) makes a ball and to the mouth red There it keeps

revolviéndola, una hora. Luego, otra bola, y otra.
turning it around an hour After (an)other ball and (an)other

Masca con las encías, y la barba le llega, entonces,
(He) chews with the gums and the beard him arrives then

a la aguileña nariz.
to the eagle-like nose

Digo que es grande como el buey pío. En la puerta
(I) say that (he) is large as the ox pious In the door

del banco, tapa la casa. Pero se enternece,
of the bench (he) covers the house But himself (he) becomes tender

igual que un niño, con Platero. Y si ve una flor o
equal that a child with Platero And if (he) sees a flower or
as

un pajarillo, se ríe de pronto, abriendo toda su boca,
a little bird himself laughs of soon opening all his mouth
suddenly his whole mouth

con una gran risa sostenida, cuya velocidad y
with a great laughter sustained (of) which (the) speed and

duración él no puede regular, y que acaba siempre en
duration he not can regular and that ends always in

113

llanto. Luego, ya sereno, mira largamente del lado
weeping After already serene (he) looks long of the side
                                                       to the

del cementerio viejo:
of the graveyard old

—Mi niña, pobrecita niña...
My girl little poor girl

XLII - El niño y el agua

The child and the water

En	la	sequedad	estéril	y	abrasada	de	sol	del	gran
In	the	drought	sterile	and	scorched	of	sun	of the	great

corralón	polvoriento,	que,	por	despacio	que	se	pise,
corral	dusty	that	for however	slowly	that	oneself	steps

lo	llena	a	uno	hasta	los	ojos	de	su	blanco	polvo	cernido,
it	fills	to	one	until	the	eyes	of	its	white	dust	sifting

el	niño	está	con	la	fuente,	en	grupo	franco	y	risueño,
the	child	is	with at	the	fountain	in	group	frank	and	smiling

cada	uno	con	su	alma.	Aunque	no	hay	un	solo	árbol,
each	one	with	his	soul	Although	not	has there is	a	sole single	tree

el	corazón	se	llena,	llegando,	de	un	nombre,	que	los
the	heart	itself	fills	arriving	of with	a	name	that	the

ojos	repiten	escritos	en	el	cielo	azul	Prusia	con	grandes
eyes	repeat	written	in	the	sky	blue	Prussia (paint color)	with	large

letras	de	luz:	Oasis.
letters	of	light	Oasis

Ya	la	mañana	tiene	calor	de	siesta	y	la	chicharra
Already	the	morning	has	heat	of	siesta	and	the	cicada

sierra	su	olivo,	en	el	corral	de	San	Francisco.	El
mountain range	its	olive	in	the	corral	of	San	Francisco	The

sol	le	da	al	niño	en	la	cabeza;	pero	él,	absorto	en
sun	him	gives blazes	to the	child	on	the	head	but	he	absorbed	in

115

el agua, no lo siente. Echado en el suelo, tiene la
the water not it feels Thrown in the ground (he) has the
Lying on

mano bajo el chorro vivo, y el agua le pone en la
hand under the jet alive and the water him places in the

palma un tembloroso palacio de frescura y de gracia
palm a trembling palace of freshness and of grace

que sus ojos negros contemplan arrobados. Habla solo,
that his eyes black contemplate rapt (He) speaks alone

sorbe su nariz, se rasca aquí y allá entre sus
sniffs his nose himself scratches here and there between his

harapos, con la otra mano. El palacio, igual siempre y
rags with the other hand The palace equal always and

renovado a cada instante, vacila a veces. Y el niño
renovated at each instant wavers at times And the child

se recoge entonces, se aprieta, se sume en sí,
himself picks up then himself squeezes himself adds in yes

para que ni ese latido de la sangre, que cambia, con
for that not that beat of the blood that changes with

un cristal movido solo, la imagen tan sensible de un
a crystal moved alone the image so sensitive of a

calidoscopio, le robe al agua la sorprendida forma
kaleidoscope him steals to the water the surprised form
of the

primera.
first

—Platero, no sé si entenderás o no lo que te
Platero not (I) know if (you) will understand or not it that you

digo: pero ese niño tiene en su mano mi alma.
(I) say but that child has in his hand my soul

XLIII - Amistad

Friendship

Nos	entendemos	bien.	Yo	lo	dejo	ir	a	su	antojo,	y
Ourselves	(we) understand	well	I	him	let	go	to	his	whim	and

él	me	lleva	siempre	a	donde	quiero.
he	me	carries	always	to	where	(I) want

Sabe	Platero	que,	al	llegar	al	pino	de	la	Corona,
Knows	Platero	that	at the	arriving	at the	pine tree	of	the	Crown

me	gusta	acercarme	a	su	tronco	y	acariciárselo,
me	(it) pleases	to approach myself	to	its	trunk	and	caress it

y	mirar	el	cielo	al	través	de	su	enorme	y	clara
and	to watch	the	sky	-at the-	through	of	its	enormous	and	clear

copa;	sabe	que	me	deleita	la	veredilla	que	va,
cup	(he) knows	that	me	delights	the	little lane	that	goes
tree top								

entre	céspedes,	a	la	Fuente	vieja;	que	es	para	mí	una
between	lawns	to	the	Fountain	old	that	(it) is	for	me	a

fiesta	ver	el	río	desde	la	colina	de	los	pinos,
feast	see	the	river	from	the	hill	of	the	pine trees

evocadora,	con	su	bosquecillo	alto,	de	parajes	clásicos.
evocative	with	its	copse	high	of	landscapes	classic

Como	me	adormile,	seguro,	sobre	él,	mi	despertar	se
As	me	(I) doze off	assured	on	him	my	to wake up	itself
							waking up	

abre	siempre	a	uno	de	tales	amables	espectáculos.
opens	always	to	one	of	such	friendly	shows

Yo trato a Platero cual si fuese un niño. Si el
I deal to Platero which if (he) was a child If the
with as

camino se torna fragoso y le pesa un poco, me
road itself turns rocky and him (it) weighs a little myself

bajo para aliviarlo. Lo beso, lo engaño, lo hago
(I) get down for to relieve him Him (I) kiss him (I) trick him (I) do

rabiar... El comprende bien que lo quiero, y no me
rage He comprehends well that it (I) want and not me

guarda rencor. Es tan igual a mí, tan diferente a los
guards resentment Is so equal to me so different at the

demás, que he llegado a creer que sueña mis
others that (I) have arrived to believe that (he) dreams my

propios sueños.
own dreams

Platero se me ha rendido como una adolescente
Platero himself me has surrendered like a teen

apasionada. De nada protesta. Sé que soy su
passionate Of nothing (he) protests (I) know that (I) am his

felicidad. Hasta huye de los burros y de los
happiness Until (he) flees from the donkeys and of the
Up to that even

hombres...
men

XLIV - La arrulladora
The cooing

La chiquilla del carbonero, bonita y sucia cual una
The little girl of the charcoal maker pretty and filthy which / like a

moneda, bruñidos los negros ojos y reventando sangre
money coin burnished the black eyes and busting blood

los labios prietos entre la tizne, está a la puerta de
the lips tight between the smut is at the door of

la choza, sentada en una teja, durmiendo al hermanito.
the hut seated on a tile sleeping / making sleep to the little brother

Vibra la hora de mayo, ardiente y clara como un sol
Vibrates the hour of May burning and clear as a sun

por dentro. En la paz brillante, se oye el hervor de
for inside In the peace brilliant itself hears / is heard the boil of

la olla que cuece en el campo, la brama de la dehesa
the pot that cooks in the field the bellows of the pasture

de los Caballos, la alegría del viento del mar en la
of the Horses the joy of the wind of the sea in the

marafia de los eucaliptos.
blowing of the eucalyptus

Sentida y dulce, la carbonera canta:
(Heart)felt and sweet the butcher girl sings

Mi niiño se va a dormiii
My child itself goes to sleep

en graaasia a la Pajtoraaa...
in grace to the shepherdess
(gracia) (pastora)

Pausa. El viento en las copas.
(She) pauses The wind in the cups
tree tops

...y pooor dormirse mí niñooo.
and for to sleep itself my child
(por) to make sleep

se duerme la arruyadoraaa
itself sleeps the the one who coos (to sleep)
arrulladora

El viento... Platero, que anda, manso, entre los pinos
The wind Platero that goes meek between the pine trees
who

quemados, se llega, poco a poco... Luego se echa
burned himself arrives little by little After himself throws

en la tierra fosca y, a la larga copla de madre, se
in the earth dark and at the long couplet of mother himself

adormila, igual que un niño.
dozes equal that a child
as

121

XLV - El árbol del corral

The tree of the yard

Este	árbol,	Platero,	esta	acacia	que	yo	mismo	sembré,
This	tree	Platero	this	acacia	that	I	same myself	sowed

verde	llama	que	fue	creciendo,	primavera	tras	primavera,
green	flame	that	was	growing	spring	after	spring

y	que	ahora	mismo	nos	cubre	con	su	abundante	y
and	that	now	same itself	us	covers	with	its	abundant	and

franca	hoja	pasada	de	sol	poniente,	era,	mientras	viví
frank unimpeded	leaf	past	of	sun	west	was	while	(I) lived

en	esta	casa,	hoy	cerrada,	el	mejor	sostén	de	mi	poesía.
in	this	house	today	closed	the	best	support	of	my	poetry

Cualquier	rama	suya,	galanada	de	esmeralda	por	abril
Whatever	branch	(of) it	gallant	of	emerald	through	April

o	de	oro	por	octubre,	refrescaba	sólo	con	mirarla	un
or	of	gold	through	October	refreshed	only just	with	looking at it	a

punto,	mi	frente,	como	la	mano	más	pura	de	una	musa.
point moment	my	front forehead	like	the	hand	more	pure	of	a	muse

¡Qué	fina,	qué	grácil,	qué	bonita	era!
What How	delicate	what how	graceful	what how	pretty	(it) was

Hoy, Platero, es dueña casi de todo el corral. ¡Qué
Today Platero (it) is master almost of all the corral What
yard How

basta se ha puesto! No sé si se acordará de mí.
enough itself has set Not (I) know if itself will remember of me
grown

A mí me parece otra. En todo este tiempo en que
To me myself (it) seems (an)other In all this time in that

la tenía olvidada, igual que si no existiese, la primavera
it had forgotten equal that if not existed the spring
like as

la ha ido formando, año tras año, a su capricho, fuera
it has gone forming year after year at its caprice outside
whim

del agrado de mi sentimiento.
of the pleasantness of my sadness

Nada me dice hoy, a pesar de ser árbol, y árbol
Nothing me says today at weight of to be tree and tree
in spite

puesto por mí. Un árbol cualquiera que por primera vez
set for me A tree which ever that for first time

acariciamos, nos llena, Platero, de sentido el corazón. Un
(we) caress us fills Platero of sense the heart A
with feeling

árbol que hemos amado tanto, que tanto hemos
tree that (we) have loved so much that so much we have

conocido, no nos dice nada vuelto a ver, Platero. Es
known not us says nothing returned to see Platero (It) is

triste; mas es inútil decir más. No, no puedo mirar ya,
sad more is useless to say more No not (I) can watch already

123

en esta fusión de la acacia y el ocaso, mi lira
in this fusion of the acacia and the sunset my lyre

colgada. La rama graciosa no me trae el verso, ni la
hanging The branch gracious not me brings the verse nor the

iluminación interna de la copa el pensamiento. Y aquí,
illumination internal of the cup the thought And here
tree top

adonde tantas veces vine de la vida, con una ilusión
to where so many times (I) came of the life with a delusion
in my

de soledad musical, fresca y olorosa, estoy mal, y
of solitude musical cool and fragrant (I) am bad and
I feel

tengo frío, y quiero irme, como entonces del
(I) have cold and (I) want to go away like then from the
I am

casino, de la botica o del teatro, Platero.
casino from the drugstore or from the theater Platero

124

XLVI - La Tísica

The consumptive (patient)

Estaba derecha en una triste silla, blanca la cara y
(He) was (to the) right in a sad chair white the face and

mate, cual un nardo ajado, en medio de la encalada
bland which a nut worn out in half of the whitewashed
like

y fría alcoba. Le había mandado el médico salir al
and cold bedroom It had ordered the medic to exit to the

campo, a que le diera el sol de aquel mayo helado;
field to that it gave the sun of that May frozen
shone

pero la pobre no podía.
but the poor (girl) not could

— Cuando yego ar puente — me dijo —, ¡ya
When (I) arrive at the bridge myself (I) said already
(llego) (al)

v'usté, zeñorito, ahí ar lado que ejtá!, m'ahogo...
see you little sir here at the side that (I) exit myself (I) drown
(ve usted) senorito (al) (exita) I'm drowning

La voz pueril, delgada y rota, se le caía, cansada,
The voice childish thin and broken itself it fell tired

como se cae, a veces, la brisa en el estío.
as itself falls at times the breeze in the summer

Yo le ofrecí a Platero para que diese un paseíto.
I him offered to Platero for that himself gives a stroll

Subida en él, ¡qué risa la de su aguda cara de
mounted on him what laughter that of his sharp face of

muerta, toda ojos negros y dientes blancos!
dead (person) all eyes black and teeth white

...Se asomaban las mujeres a las puertas a vernos pasar.
Itself showed the women to the doors to see us pass

Iba Platero despacio, como sabiendo que llevaba encima
Went Platero slowly as knowing that (I) took on top

un frágil lirio de cristal fino. La niña, con su hábito
a fragile lily of crystal fine The girl with her robe

cándido de la Virgen de Montemayor, lazado de grana,
candid of the Virgin of Montemayor laced of deep red
with

transfigurada por la fiebre y la esperanza, parecía un
transfigured by the fever and the hope seemed an

ángel que cruzaba el pueblo, camino del cielo del
angel that was crossing the village road of the heaven of the

Sur.
South

126

XLVII - El Rocío

The dew

Platero —le dije—, vamos a esperar las Carretas. Traen
Platero him (I) said (we) go to await the Wagons/parade (They) bring

el rumor del lejano bosque de Doñana, el misterio del
the sound of the distant forest of Donana the mystery of the

pinar de las Animas, la frescura de las Madres y de
pinewood of the Spirits the freshness of the Mothers and of

los dos Fresnos, el olor de la Rocina ...
the two Ash trees the smell of the Rocina

Me lo llevé, guapo y lujoso, a que piropeara a
Myself it (I) carried handsome and luxurious to that compliment to

las muchachas por la calle de la Fuente, en cuyos
the girls through the street of the Fountain in whose

bajos aleros de cal se moría, en una vaga cinta rosa,
low eaves of lime itself died in a vague ribbon pink

el vacilante sol de la tarde. Luego nos pusimos en el
the hesitant sun of the afternoon After us (we) set in the

vallado de los Hornos, desde donde se ve todo el
bank of the Ovens from where itself sees all the

camino de los Llanos.
road of the Flats

Venían ya, cuesta arriba, las Carretas. La suave llovizna
Came already slope up the Wagons The soft drizzle
parade

de los Rocíos caía sobre las viñas verdes, de una
of the Sprinkles fell on the vineyards green from a

pasajera nube malva. Pero la gente no levantaba siquiera
passing cloud mallow But the people not raised certainly
even

los ojos al agua.
the eyes to the water

Pasaron, primero, en burros, mulas y caballos ataviados
Passed first on donkeys mules and horses dressed up

a la moruna y la crin trenzada, las alegres
at the moorish (fashion) and the horsehair braided the happy

parejas de novios, ellos, alegres, valientes ellas. El
couples of fiancees they happy valient they The
(the males) (the females)

rico y vivo tropel iba, volvía, se alcanzaba
rich and alive throng went returned itself reached

incesantemente en una locura sin sentido. Seguía luego
incessantly in a madness without sense Followed after

el carro de los borrachos, estrepitoso, agrio y
the car of the drunk loud sour and

trastornado. Detrás las carretas, como lechos, colgadas de
deranged Behind the wagons like beds hung of

blanco, con las muchachas morenas, duras y floridas,
white with the girls brunettes tough and florid

sentadas bajo el dosel, repicando panderetas y chillando
sitting under the canopy ringing tambourines and screaming

sevillanas. Más caballos, más burros ... Y el
songs from Sevilla More horses more donkeys And the

mayordomo —¡Viva la Virgen del Rocíoooo!
majordomo (Long) live the Virgin of the Rocio
prince of the carnival Dew

¡Vivaaaaa! — calvo, seco y rojo, el sombrero ancho a
(Long) live bald dry and red the hat wide to

la espalda y la vara de oro descansada en el estribo.
the back and the rod of gold rested in the stirrup

Al fin, mansamente tirado por dos grandes bueyes píos,
At the end gently pulled by two great oxen pious

que parecían obispos con sus frontales de colorines y
that seemed bishops with their frontal of colorful and

espejos, en los que chispeaba el trastorno del sol
mirrors in those that sparked the disorder of the sun
which

mojado, cabeceando con la desigual tirada de la yunta,
wet nodding with the unequal throw of the yoke

el Sin Pecado, amatista y de plata en su carro
the Without Sin amethyst and of silver on her cart

blanco, todo en flor, como un cargado jardín mustio
white all in flower as a loaded garden withered

Se	oía	ya	la	música,	ahogada	entre	el
Itself	(was) heard	already	the	music	choked	between	the

campaneo	y	los	cohetes	negros	y	el	duro	herir	de
chime	and	the	rockets	black	and	the	hard	hurting hitting	of

los	cascos	herrados	en	las	piedras....
the	hoofs	shod	on	the	stones

Platero,	entonces,	dobló	sus	manos,	y,	como	una	mujer,
Platero	then	folded	his	hands front legs	and	like	a	wife

se	arrodilló	—¡una	habilidad	suya!—,	blando,	humilde
himself	knelt down	an	ability	(of) his	soft	humble

y	consentido.
and	indulged indulging

XLVIII - Ronsard

Ronsard

Libre ya Platero del cabestro, y paciendo entre
Free already Platero from the halter and grazing between

las castas margaritas del pradecillo, me he echado
the chaste daisies of the little meadow me (I) have thrown

yo bajo un pino, he sacado de la alforja
I under a pine tree (I) have taken out from the saddlebag
myself

moruna un breve libro, y, abriéndolo por una señal, me
moorish a short book and opening it for a signal me
reminder

he puesto a leer en alta voz:
(I) have set to read in high voice
loud

Comme on voit sur la branche au mois de mai la rose
Like one sees on the branche on the month of May the Rose
(French)

En sa belle jeunesse, en sa premiére fleur,
In her beautiful youth in her first flower
(French)

Rendre le ciel jaloux de...
Render the sky jealous of
(French)

Arriba, por las ramas últimas, salta y pía un leve
Up by the branches last jumps and sings a light

pajarillo, que el sol hace, cual toda la verde cima
little bird that the sun makes which all the green top
like

131

suspirante, de oro. Entre vuelo y gorjeo, se oye el
sighing of gold Between flight and gurgle itself hears the
twitter

partirse de las semillas que el pájaro se está
split itself of the seeds that the bird itself is
splitting

almorzando.
lunching (on)

...jaloux de sa vive couleur
jealous of her lively color
(French)

Una cosa enorme y tibia avanza, de pronto. como una
A thing enormous and warm advances of soon like a
suddenly

proa viva, sobre mi hombro... Es Platero, que,
bow lively on my shoulder (It) is Platero that
who

sugestionado, sin duda, por la lira de Orfeo, viene a
suggested without doubt by the lyre of Orpheus comes to

leer conmigo. Leemos:
read with me (We) read

...vive couleur,
lively color
(French)

Quand l'aube ses pleurs au poiny du jour l'a...
When the dawn its cries on the point of the day it has
(French) (French; dawn)

132

Pero el pajarillo, que debe de digerir aprisa, tapa la
But the little bird that/who must of digest fast covered the

palabra con una nota falsa.
word with a note false

Ronsard, olvidado un instante de su soneto
Ronsard forgotten an instant of his sonnet

«Quand en songeant ma follâtre j'accolle» ... se debe
When of it dream my folly (I) gather itself must
(French)

haber reído en el infierno...
have laughed in the hell

XLIX - El tío de las vistas
The uncle of the views

De pronto, sin matices, rompe el silencio de la calle
Of soon without nuances breaks the silence of the street
Suddenly

el seco redoble de un tamborcillo. Luego, una voz
the dry roll of a drummer After a voice

cascada tiembla un pregón jadeoso y largo. Se
waterfall trembles a proclamation labored and long Itself
rolling thunders

oyen carreras, calle abajo ... Los chiquillos gritan: ¡El
hear runnings street down The little kids shout The
are heard

tío de las vistas! ¡Las vistas! ¡Las vistas!
uncle of the views The views The views

En la esquina, una pequeña caja verde con cuatro
In the corner a small box green with four

banderitas rosas espera sobre su catrecillo, la lente al
little banners pink waits on its litter the lens to the

sol. El viejo toca y toca el tambor. Un grupo de
sun The old plays and plays the drum A group of

chiquillos sin dinero, las manos en el bolsillo o a la
little kids without money the hands in the pocket or at the

espalda, rodean, mudos, la cajita. A poco llega otro
back encircle speechless the little box At little arrive (an)other

corriendo, con su perra en la palma de la mano. Se
running with his cash in the palm of the hand Himself

adelanta, pone sus ojos en la lente...
advances places his eyes in the lens

—¡Ahooora se verá... al general Prim... en su caballo
Nooow yourself will see to the general Prim on his horse

blancooo! ...—dice el viejo forastero con fastidio, y toca
whiiiiite says the old stranger with annoyance and plays
boredom

el tambor.
the drum

—¡El puerto...de Barcelonaaaa... —y más redoble.
The port of Barcelonaaaa and more (drum) roll(ing)

Otros niños van llegando con su perra lista, y la
Other children go arriving with their cash ready and it

adelantan al punto al viejo, mirándolo absortos,
(they) put forward to the point at the old looking at him absorbed

dispuestos a comprar su fantasía. El viejo dice:
ready to buy his fantasy The old (one) says

—¡Ahooora se verá... el castillo de la Habanaaaa! —y
Nooow oneself will see the castle of the Havanaaaa and

toca el tambor....
plays the drum

Platero, que se ha ido con la niña y el perro de
Platero that himself has gone with the girl and the dog of
         who

enfrente a ver las vistas, mete su cabezota por entre
in front to see the views puts his great head for between

las de los niños, por jugar. El viejo, con un súbito
those of the children for to play The old with a sudden

buen humor, le dice: ¡Venga tu perra!
good mood him says Come you bitch

Y los niños sin dinero se ríen todos sin
And the children without money themselves laugh all without

ganas, mirando al viejo con una humilde solicitud
lust looking at the old with a humble request

aduladora...
flattering

L - La flor del camino
The flower of the road

¡Qué pura, Platero, y qué bella esta flor del
What pure Platero and what beautiful (is) this flower of the
How how

camino!. Pasan a su lado todos los tropeles —los toros,
road (They) pass at her side all the tropes the bulls

las cabras, los potros, los hombres—, y ella, tan tierna
the goats the colts the men and she so tender

y tan débil, sigue enhiesta, malva y fina, en su
and so weak continues upright mallow and delicate on her

vallado sólo, sin contaminarse de impureza alguna.
bank lone without to contaminate herself of impurity some

Cada día, cuando al empezar la cuesta, tomamos el
Each day when at the start the slope (we) take the

atajo, tú la has visto en su puesto verde. Ya tiene
shortcut you her have seen in her post green Already (she) has

a su lado un pajarillo, que se levanta —¿por qué?—
to her side a little bird that itself rises for what

al acercarnos; o está llena, cual una breve copa,
at the to approach ourselves or is full which a short cup
approach of us like

del agua clara de una nube de verano; ya consiente
of the water clear of a cloud of summer already consents

137

el robo de una abeja o el voluble adorno de una
the theft of a bee or the fickle decoration of a
by

mariposa.
butterfly

Esta flor vivirá pocos días, Platero, aunque su recuerdo
This flower will live few days Platero although her memory

podrá ser eterno. Será su vivir como un día de tu
may be eternal Will be her live like a day of your
living

primavera, como una primavera de mi vida... ¿Qué le
spring like a spring of my life What it

diera yo al otoño, Platero, a cambio de esta flor
gave I to the autumn Platero to exchange of this flower
in for

divina, para que ella fuese, diariamente, el ejemplo
divine for that she was daily the example

sencillo y sin término de la nuestra?
simple and without end of the ours

LI - Lord

Lord

No sé si tú, Platero, sabrás ver una fotografía.
Not (I) know if you Platero (you) will know to see a photograph
you will get

Yo se las he enseñado a algunos hombres del
I myself them have shown to some men of the

campo y no veían nada en ella. Pues éste es
field and not (they) saw nothing in her Then this (one) is
Since

Lord, Platero, el perrillo foxterrier de que a veces te
Lord Platero the little dog fox terrier of that at times you

he hablado. Míralo. Está ¿lo ves? en un cojín de
(I) have spoken Watch it This it (you) see on a cushion of

los del patio de mármol, tomando, entre las macetas
those of the courtyard of marble taking between the pots
enjoying

de geranios, el sol de invierno.
of geraniums the sun of winter

¡Pobre Lord! Vino de Sevilla cuando yo estaba allí
Poor Lord Wine of Seville when I was there

pintando. Era blanco, casi incoloro de tanta luz,
painting (He) was white almost colorless of so much light

pleno como un muslo de dama, redondo e impetuoso
full like a thigh of lady round and impetuous

como el agua en la boca de un caño. Aquí y allá,
as the water in the mouth of a spout Here and there

mariposas posadas, unos toques negros. Sus ojos brillantes
butterflies set some touches black His eyes shining

eran dos breves inmensidades de sentimientos de nobleza.
were two short immensities of feelings of nobility

Tenían vena de loco. A veces, sin razón, se ponía
(They) had come to of crazy At times without reason himself set

a dar vueltas vertiginosas entre las azucenas del
to give turns dizzying between the lilies of the
make

patio de mármol, que en mayo lo adornan todo, rojas,
courtyard of marble that in May it adorn all red

azules, amarillas de los cristales traspasados del sol de
blue yellow of the crystals pierced by the sun of
panes

la montera, como los palomos que pinta don Camilo...
the skylight like the pigeons that paints don Camilo

Otras se subía a los tejados y promovía un
Others themselves went up to the roofs and promoted a
allowed

alboroto piador en los nidos de los aviones... La Macaria
rampage pious in the nests of the birds The Macaria

lo enjabonaba cada mañana y estaba tan radiante
it soaped each morning and (he) was so radiant

siempre como las almenas de la azotea sobre el cielo
always like the battlements of the rooftop on the heaven

azul, Platero.
blue Platero

Cuando se murió mi padre, pasó toda la noche
When himself died my father (he) passed all the night

velándolo junto a la caja. Una vez que mi madre
watching over him together at the box coffin One time that my mother

se puso mala, se echó a los pies de su cama y
herself set bad himself threw at the feet of her bed and

allí se pasó un mes sin comer ni beber...
there himself passed a month without to eat nor drink

Vinieron a decir un día mi casa que un perro rabioso
(They) came to say one day (at) my house that a dog rabid

lo había mordido... Hubo que llevarlo a la bodega del
it had bitten (I) had to that take it to the (wine) cellar of the

Castillo y atarlo allí al naranjo, fuera de la gente.
Castle and tie it up there at the orange tree away from the people

La mirada que dejó atrás por la callejilla cuando se
The look that (I) left behind by the alley when myself

lo llevaban sigue agujereando mi corazón como entonces,
it carried continues needling my heart as then

Platero, igual que la luz de una estrella muerta, viva
Platero equal that as the light of a star dead lively

siempre, sobre pasando su nada con la exaltada
always on passing his nothing with the exalted

intensidad de su doloroso sentimiento... Cada vez que un
intensity of his painful sadness Each time that a

sufrimiento material me punza el corazón, surge ante mí,
suffering *material* *me* *stings* *the* *heart* *arises* *before* *me*

larga como la vereda de la vida a la eternidad, digo,
long *like* *the* *footpath* *of* *the* *life* *to* *the* *eternity* *(I) say*

del arroyo al pino de la Corona, la mirada que
of the *stream* *at the* *pine tree* *of* *the* *Crown* *the* *look* *that*

Lord dejó en él para siempre cual una huella
Lord *let* *in* *him* *for* *always* *which* *a* *paw print*
like

macerada.
macerated

LII - El pozo

The hole (The well)

¡El pozo!... Platero, ¡qué palabra tan honda, tan
The hole Platero what word so deep so
well

verdinegra, tan fresca, tan sonora! Parece que es la
black-green so cool so sonorous (It) seems that (it) is the

palabra la que taladra, girando, la tierra oscura, hasta
word it that drills spinning the earth dark until

llegar al agua fría.
to arrive at the water cold
arriving

Mira; la higuera adorna y desbarata el brocal. Dentro,
Look the fig tree adorns and disrupts the parapet Inside
damages well wall

al alcance de la mano, ha abierto, entre los ladrillos
at the reach of the hand has opened between the bricks

con verdín, una flor azul de olor penetrante. Una
with shoots a flower blue of smell penetrating A
a small green plant

golondrina tiene, más abajo, el nido. Luego, tras un
swallow has more down the nest Then after a

pórtico de sombra yerta, hay un palacio de esmeralda,
portal of shadow rigid has a palace of emerald
(there is)

143

y   un   lago, que,   al   arrojarle   una   pierda   a   su
and   a   lake   that   at the   to throw it   a   stone   at   its
                             throwing in it   (piedra)

quietud,   gruñe   y   se   enfada.   Y   el   cielo,   al   fin.
stillness growls   and   itself   angers   And   the   sky   at the   end
                                                                  (reflecting)

(La   noche   entra,   y   la   luna   se   inflama   allá   en   el
The   night   enters   and   the   moon   itself   inflames there   in   the

fondo,   adornada   de   volubles   estrellas.   ¡Silencio!   Por   los
bottom   adorned   of   fickle   stars   silence   By   the

caminos   se   ha   ido   una   vida   a   lo   lejos.   Se   escapa
roads   themselves   has   gone   a   life   to   it   far   Itself   escapes

por   el   pozo   el   alma   a   lo   hondo.   Se   ve   por   él
by   the   hole   the   soul   to   it   deep   Itself   sees   through   him
            well

como   el   otro   lado   del   crepúsculo.   Y   parece   que   va
like   the   other   side   of the   dusk   And   (it) seems that   goes

a   salir   de   su   boca   el   gigante   de   la   noche,   dueño   de
to   exit   from   his   mouth   the   giant   of   the   night   owner   of

todos   los   secretos   del   mundo.   ¡Oh   laberinto   quieto   y
all   the   secrets   of the   world   Oh   labyrinth   still   and

mágico,   parque   umbrío   y   fragante,   magnético   salón
magic   park   shady   and   fragrant   magnetic   salon

encantado!)
enchanted

—Platero, si algún día me echo a este pozo, no
Platero if some day me (I) throw at this well not

será por matarme, créelo, sino por coger más pronto
(it) will be for to kill me believe it but for to take more soon

las estrellas. Platero rebuzna, sediento y anhelante.
the stars Platero braying thirsty and longing

Del pozo sale, asustada, revuelta y silenciosa, una
From the well comes out frightened returns and in silence a
flies round

golondrina.
swallow

LIII - Albérchigos

Apricots

Por — Through
el — the
callejón — alley
de — of
la — the
Sal, — Salt
que — that
retuerce — twists
su — its
breve — short

estrechez, — narrowness
violeta — violet
de — of
cal — lime
con — with
sol — sun
y — and
cielo — sky
azul, — blue
hasta — until
la — the

torre, — tower
tapa — covered
de — of
su — his
fin, — end
negra — black
y — and
desconchada — chipped
de — of
esta — this

parte — part
del — of the
Sur — South
por — for
el — the
constante — constant
golpe — blow
del — of the
viento — wind
de — of
la — the

mar; — sea
lentos, — slow
vienen — come
niño — child
y — and
burro. — donkey
El — The
niño, — child
hombrecito — little man

enanillo — dwarf
y — and
recortado, — reduced
más — more / than
chico — boy
que — that
su — his
caído — fallen
sombrero — hat

ancho, — wide
se — himself
mete — puts
en — in
su — his
fantástico — fantastic
corazón — heart
serrano — highlander
que — that

le — him
da — gives
coplas — verses
y — and
coplas — verses
bajas: — low

...con — with
grandej — great
fatiguiiiyaaa — tiiiredness

yo — I
je — have (he)
lo — it
pedíaaa... — asked

Suelto, el burro mordisquea la escasa yerba sucia del
Loose the donkey nibbles the scarce herb filthy of the
Unleashed grass

callejón, levemente abatido por la carguilla de
alley lightly interrupted by the little cargo of

albérchigos. De vez en cuando, el chiquillo, como si
apricots From time in when the little boy as if
to time

tornara un punto a la calle verdadera, se para
(he) will turn a point to the street true himself stops

en seco, abre y aprieta sus desnudas piernecillas
in dry opens and squeezes his naked little legs
all of a sudden

terrosas, como para cogerle fuerza, en la tierra, y,
earthy as for to catch him force in the earth and

ahuecando la voz con la mano, canta duramente, con
cupping the voice with the hand sings harshly with

una voz en la que torna a ser niño en la e:
a voice in it that turns to be child in the and
which he returns

—¡Albéeerchigooo!...
Apriiiicooots

Luego, cual si la venta le importase un bledo —como
After which if the sale him matters itself a damn as
as not gives

dice el padre Díaz—, torna a su ensimismado canturreo
says the father Diaz turns to his lost hum

gitano:
gypsy

...yo a ti no te cuurpooo,
I to you not you blame
(culpo)

ni te curparíaaa...
nor you would blame
culparia

Y le da varazos a las piedras, sin saberlo...
And him gives sticks to the stones without to know

Huele a pan calentito y a pino quemado. Una
It smells to bread warmed a little and to pine tree burned A

brisa tarda conmueve levemente la calleja. Canta la
breeze takes moves slightly the alley Sings the

súbita campanada gorda que corona las tres, con su
sudden bell fat that crowns the three with its
strikes at

adornillo de la campana chica. Luego un repique,
garnish of the bell girl After a ringing

nuncio de fiesta, ahoga en su torrente el rumor de la
announcing of feast drowns in its torrent the sound of the

corneta y los cascabeles del coche de la estación, que
cornet and the bells of the coach of the station that

parte, pueblo arriba, el silencio, que se había dormido.
parts village up the silence that itself had slept

Y el aire trae sobre los tejados un mar ilusorio en su
And the air brings on the roofs a sea illusory in its

olorosa, movida y refulgente cristalidad, un mar sin
fragrant move and glowing crystallization a sea without

nadie también, aburrido de sus olas iguales en su
nobody also bored of its waves equal in its

solitario esplendor. El chiquillo torna a su parada, a su
lonely splendor The little boy turns at his stop to his

despertar y a su grito:
wake up and to his shout

—¡Albéeerchigooo!...
Apriiicooots

Platero no quiere andar. Mira y mira al niño y
Platero not wants to walk Look and look at the child and

husmea y topa a su burro. Y ambos rucios se
sniff and touch at his donkey And both donkeys each other

entienden en no sé qué movimiento gemelo de
understand in not (I) know what movement twin of

cabezas, que recuerda, un punto, el de los osos
heads that remember (at) one point that of the bears
remind

blancos...
white

—Bueno, Platero; yo le digo al niño que me dé
Good Platero I him say to the child that me (he) gives

su burro, y tú te irás con él y serás un
his donkey and you yourself will go with him and (you) will be a

vendedor de albérchigos..., ¡ea!
seller of apricots eh

LIV - La coz
The kick

Ibamos, cortijo de Montemayor, al herradero de los
(We) went farmhouse of Montemayor at the smithy of the

novillos. El patio empedrado, ombrío bajo el inmenso
young bulls The courtyard paved gloomy under the immense

y ardiente cielo azul de la tardecita, vibraba sonoro
and burning sky blue of the little lateness vibrated sonorous
early afternoon

del relinchar de los alegres caballos pujantes, del reír
of the neigh of the happy horses thriving of the laugh

fresco de las mujeres, de los afilados ladridos inquietos de
fresh of the women of the sharp barking restless of

los perros. Platero, en un rincón, se impacientaba.
the dogs Platero in a corner himself was impatient

—Pero, hombre —le dije— , si tú no puedes venir con
But man him (I) said , if you not can come with

nosotros; si eres muy chico...
us if you are very boy
too small

Se ponía tan loco, que le pedí al Tonto que se
Itself set so crazy that him (I) asked at the Fool that itself

subiera en él y lo llevara con nosotros.
go up in him and him bring with us

... Por el campo claro, ¡qué alegre cabalgar! Estaban las
... For the field clear what happy ride Were the

marismas risueñas de oro, con el sol en sus espejos
marshes laughing of gold with the sun in their mirrors

rotos, que doblaban los molinos cerrados. Entre el
broken that doubled the mills closed Between the
which

redondo trote duro de los caballos, Platero alzaba su
round trot hard of the horses Platero raised his
fine

raudo trotecillo agudo, que necesitaba multiplicar
quick little trot sharp that (he) needed multiply

insistentemente, como el tren de Riotinto su rodar
insistently like the train of Riotinto its roll

menudo, para no quedarse solo con el Tonto en el
often for not to stay alone with the Fool on the

camino. De pronto, sonó como un tiro de pistola.
road Of soon sounded (something) like a shot of gun
Suddenly

Platero le había rozado la grupa a un fino potro tordo
Platero him had grazed the back to a fine foal thrush
gray

con su boca, y el potro le había respondido con una
with his mouth and the foal him had answered with a

rápida coz. Nadie hizo caso, pero yo le vi a Platero
rapid kick Nobody made case but I him saw to Platero
noticed

una mano corrida de sangre. Eché pie a tierra y, con
a hand running of blood (I) threw foot at earth and with
leg I dismounted

151

una espina y una crin, le prendí la vena rota.
a thorn and a horsehair him took the vein brokentorn
bound

Luego le dije al Tonto que se lo llevara a
After him (I) said to the Fool that himself him takes to

casa. Se fueron los dos, lentos y tristes, por
(the) house Themselves (they) went the two slow and sad by

el arroyo seco que baja del pueblo, tornando la
the stream dry that goes down from the village (re)turning the

cabeza al brillante huir de nuestro tropel...
head to the brilliant to flee of our throng
flowing away

Cuando, de vuelta del cortijo, fui a ver a Platero,
When of return from the farmhouse (I) went to see to Platero

me lo encontré mustio y doloroso.
me him (I) found withered and painful

—¿Ves —le suspiré— que tú no puedes ir a ninguna
(You) see him (I) sighed that you not (you) can go to none
(any)

parte con los hombres?
part with the men

LV - Asnografía

Donkeygraphy (Description of Donkeys)

Leo en un Diccionario: ASNOGRAFÍA, s.f.: Se dice,
(I) read in a dictionary Donkeygraphy s.f Itself says
Description of donkeys

irónicamente, por descripción del asno.
ironically for description of the donkey

¡Pobre asno! ¡Tan bueno, tan noble, tan agudo como
Poor donkey So good so noble so sharp as

eres ! Irónicamente... ¿Por qué? ¿Ni una descripción
(you) are ! Ironically For what Not a description

seria mereces, tú, cuya descripción cierta sería un
would (you) deserve you whose description certainly would be a

cuento de primavera? ¡Si al hombre que es bueno
story of spring If at the man that is good

debieran decirle asno! ¡Si al asno que es malo
should to tell you donkey If to the donkey that is bad
(telling you) who

debieran decirle hombre! Irónicamente... De ti, tan
(they) should tell him man Ironically Of you so
(because man is worse)

intelectual, amigo del viejo y del niño, del arroyo y
intellectual friend of the old and of the child of the stream and

de la mariposa, del sol y del perro, de la flor y
of the butterfly of the sun and of the dog of the flower and

de la luna, paciente y reflexivo, melancólico y amable,
of the moon patient and reflexive melancholically and amiable

Marco Aurelio de los prados...
Marcus Aurelius of the meadows
Roman Emperor and philosopher

Platero, que sin duda comprende, me mira fijamente
Platero that without doubt comprehends me looks fixedly
who

con sus ojazos lucientes, de una blanda dureza, en los
with his big eyes bright of a soft hardness in these

que el sol brilla, pequeñito y chispeante en un breve
that the sun shines tiny and sparkling in a short

y convexo firmamento verdinegro. ¡Ay! ¡Si su peluda
and convex firmament (of) green-black Ay If his hairy

cabezota idílica supiera que yo le hago justicia, que yo
headstrong idyllic knew that I him do justice that I

soy mejor que esos hombres que escriben Diccionarios,
am better than those men that write Dictionaries

casi tan bueno como él!
almost so good as he

Y he puesto al margen del libro: ASNOGRAFÍA,
And (I) have set at the margin of the book Asnography

sentido figurado: Se debe decir, con ironía, ¡claro está!,
sense figurative Itself must say with irony clear (it) is

por descripción del hombre imbécil que escribe
for description of the man foolish that writes

Diccionarios.
dictionaries

LVI - Corpus

Body (Work)

Entrando por la calle de la Fuente, de vuelta del
Entering by the street of the Fountain of return from the

huerto, las campanas, que ya habíamos oído tres veces
garden the bells that already (we) had heard three times

desde los Arroyos, conmueven, con su pregonera
from the Streams moved with their hawking

coronación de bronce, el blanco pueblo. Su repique
coronation of bronze the white village Its ringing

voltea y voltea entre el chispeante y
turns around and turns around between the sparkling and

estruendoso subir de los cohetes, negros en el día, y
thunderous going up of the firecrackers black in the day and

la chillona metalería de la música.
the squeaky metalwork of the music

La calle, recién encalada y ribeteada de almagra,
The street recently whitewashed and edged of red ochre
                                                   by

verdea toda, vestida de chopos y juncias. Lucen las
green all dressed of poplars and sedges Shine the
                    with   On display in

ventanas colchas de damasco granate, de percal amarillo,
windows bedspreads of damask garnet, of percale yellow

de celeste raso, y, donde hay luto, de lana
of sky blue satin and where has mourning of wool
                                (there is)

155

cándida, con cintas negras. Por las últimas casas, en la
straight with ribbons black For the last houses in the

vuelta del Porche, aparece, tarda, la Cruz de los
turn of the Porch appears takes the Cross of the

espejos, que, entre los destellos del poniente, recoge
mirrors that between the sparkles of the west picks up

ya la luz de los cirios rojos que lo gotean todo
already the light of the wax candles red that it (they) drip all

de rosa. Lentamente, pasa la procesión. La bandera
of pink Slowly passes the procession The flag
happens

carmín, y San Roque, Patrón de los panaderos, cargado
carmine and San Roque Patron of the bakers loaded

de tiernas roscas; la bandera glauca, y San Telmo,
of tender rolls the flag greenish and San Telmo
with

Patrón de los marineros, con su navío de plata en las
Patron of the sailors with his ship of silver in the

manos; la bandera gualda, y San Isidro, Patrón de
hands the flag golden yellow and San Isidor Patron of

los labradores, con su yuntita de bueyes; y más
the workers with his little couple of oxen and more

banderas de más colores, y más Santos, y luego, Santa
flags of more colors and more Saints and then Saintly

Ana, dando lección a la Virgen niña, y San José,
Ana giving instruction to the Virgin girl and San Joseph

pardo, y la Inmaculada, azul... Al fin, entre la
brown and the Immaculate blue At the end between the

156

guardia civil, la Custodia, ornada su calada platería,
guard civil the Monstrance ornate its drag of silversmith

despaciosa en su nube celeste de incienso.
slow in its cloud sky blue of incense

En la tarde que cae, se alza, limpio, el latín
In the afternoon that falls itself rises cleansed the latin

andaluz de los salmos. El sol, ya rosa, quiebra su
Andalusian of the psalms The sun already pink breaks its

rayo bajo, que viene por la calle del Río, en la
ray down that comes through the street of the River in the

cargazón de oro viejo de las dalmáticas y las capas
cargo of gold old of the dalmatics and the layers

pluviales. Arriba, en derredor de la torre escarlata, sobre
pluvial Up in around of the tower scarlet on

el ópalo terso de la hora serena de junio, las palomas
the opal smooth of the hour serene of June the doves

tejen sus altas guirnaldas de nieve encendida...
weave their high garlands of snow lit

Platero, en aquel hueco de silencio, rebuzna. Y su
Platero in that gap of silence braying And his

mansedumbre se asocia, con la campana, con el
meekness itself associates with the bell with the

cohete, con el latín y con la música de Modesto,
firecracker with the latin and with the music of Modesto

que tornan al punto, al claro misterio del día; y
that turns to the point at the clear mystery of the day and
which

el   rebuzno   se   le   endulza,   altivo,   y,   rastrero,   se   le
the   bray   itself   it   sweetens   haughty   and   creeping   itself   him

diviniza...
deifies

LVII - Paseo

Pass (I walk)

Por los hondos caminos del estío, colgados de tiernas
By the deep roads of the summer hung from tender

madreselvas, ¡cuán dulcemente vamos! Yo leo, o canto, o
honeysuckle how sweetly (we) go I read or sing or

digo versos al cielo. Platero mordisquea la hierba
say verses to the sky Platero nibbles the grass

escasa de los vallados en sombra, la flor empolvada de
scarce of the fences in shadow the flower powdered of

las malvas, las vinagreras amarillas. Está parado más
the mallows the cruet yellow (He) is stopped more

tiempo que andando. Yo lo dejo...
time than walking I him let

El cielo azul, azul, azul, asaeteado de mis ojos en
The sky blue blue blue pierced by my eyes in

arrobamiento, se levanta, sobre los almendros cargados, a
rapture itself rises over the almond trees loaded at

sus últimas glorias. Todo el campo, silencioso y
their last glories All the field silent and

ardiente, brilla. En el río, una velita blanca se eterniza,
burning shines In the river a candle white itself eternalizes

sin viento. Hacia los montes la compacta humareda
without wind Towards the mountains the compact smoke

de un incendio hincha sus redondas nubes negras.
of a fire fans its round clouds black

159

Pero nuestro caminar es bien corto. Es como un día
But our walk is well short (It) is like a day

suave e indefenso, en medio de la vida múltiple. ¡Ni la
soft and helpless in half of the life multiple Not the

apoteosis del cielo, ni el ultramar a que va el río,
apotheosis of the sky nor the overseas to that goes the river
which

ni siquiera la tragedia de las llamas!
nor certainly the tragedy of the flames

Cuando, entre un olor a naranjas, se oye el hierro
When between a smell to oranges itself listen the iron
of is heard

alegre y fresco de la noria, Platero rebuzna y retoza
happy and fresh of the treadmill Platero brays and frolics

alegremente. ¡Qué sencillo placer diario! Ya en la
happily What simple pleasure daily Already in the

alberca, yo lleno mi vaso y bebo aquella nieve
swimming pool I fill my glass and drink that snowy

líquida. Platero sume en el agua umbría su boca, y
liquid Platero submits in the water shady his mouth and

bebotea, aquí y allá, en lo más limpio, avaramente...
drinks here and there in the most clean greedily

LVIII - Los gallos
The roosters

No sé a qué comparar el malestar aquél, Platero...
Not (I) know to what to compare the discomfort that Platero
that discomfort

Una agudeza grana y oro que no tenía el encanto de
An acuity deep red and gold that not had the charm of
pointedness

la bandera de nuestra patria sobre el mar o sobre el
the flag of our fatherland on the sea or on the

cielo azul... Sí. Tal vez una bandera española sobre el
sky blue Yes Such time a flag Spanish on the
Like

cielo azul de una plaza de toros... mudéjar..., como las
sky blue of a square of bulls to domesticate like the
arena (Arabic)

estaciones de Huelva a Sevilla. Rojo y amarillo de
stations of Huelva at Seville Red and yellow of

disgusto, como en los libros de Galdós, en las muestras
disgust like in the books of Galdos in the signs
signboards

de los estancos, en los cuadros malos de la otra guerra
of the tobacconists in the paintings bad of the other war

de Africa... . Un malestar como el que me dieron siempre
of Africa A discomfort like it that me gave always

las barajas de naipes finos con los hierros de los
the decks of playing cards fine with the irons of the
brands

ganaderos en los oros, los cromos de las cajas de
ranchers in the golds the trading cards of the boxes of

tabacos y de las cajas de pasas, las etiquetas de las
tobaccos and of the boxes of raisins the labels of the
tobacco

botellas de vino, los premios del colegio del Puerto, las
bottles of wine the prizes of the college of the Port the

estampitas del chocolate...
stamps of the chocolate

¿A qué iba yo allí o quién me llevaba? Me parecía el
At what went I there or whom me took Me seemed the

mediodía de invierno caliente, como un cornetín de la
midday of winter hot like a cornet of the

banda de Modesto... Olía a vino nuevo, a chorizo en
band of Modesto Smelled to wine new to chorizo in
of of

regüeldo, a tabaco... Estaba el diputado, con el alcalde
(a) belch to tobacco (There) was the deputy with the mayor
of

y el Litri, ese torero gordo y lustroso de Huelva...
and the Litri that bullfighter fat and glossy of Huelva

La plaza del reñidero era pequeña y verde; y la
The square of the pit was small and green and it

limitaban, desbordando sobre el aro de madera, caras
(they) bordered overflowing on the ring of wood faces

congestionadas, como vísceras de vaca en carro o de
congested like intestines of cow in car or of

cerdo en matanza, cuyos ojos sacaba el calor, el vino
pork in slaughter whose eyes took out the heat the wine

162

y el empuje de la carnaza del corazón chocarrero.
and the push of the bait of the heart filthy

Los gritos salían de los ojos... Hacía calor y todo
The shouts went out of the eyes Made heat and all
It was hot

—¡tan pequeño: un mundo de gallos!— estaba cerrado.
so little a world of roosters (it) was closed (off)

Y en el rayo ancho del alto sol, que atravesaban
And in the ray wide of the high sun that (they) traversed

sin cesar, dibujándolo como un cristal turbio, nubaradas
without stop drawing it like a crystal cloudy fogged

de lentos humos azules, los pobres gallos ingleses, dos
of slow smokes blue the poor roosters English two
by

monstruosas y agrias flores carmines, se
monstrous and bitter flowers carmine each other

despedazaban, cogiéndose los ojos, clavándose, en
tore apart holding themselves the eyes nailing each other in

saltos iguales, los odios de los hombres, rajándose
jumps equal the hatreds of the men ripping each other

del todo con los espolones con limón... o con veneno.
of the all with the spurs with lemon or with poison
everywhere

No hacían ruido alguno, ni veían, ni estaban allí
Not (they) made noise any neither (they) saw nor were there

siquiera...
certainly

163

Pero y yo, ¿por qué estaba allí y tan mal? No sé...
But and I for what was (I) there and so bad Not (I) know

De vez en cuando, miraba con infinita nostalgia, por
From time in when (I) watched with infinite nostalgia for
to time

una lona rota que, trémula en el aire, me parecía la
a canvas broken that trembling in the air me seemed the

vela de un bote de la Ribera, un naranjo sano que en
candle of a pot of the Ribera an orange tree sane that in

el sol puro de fuera aromaba el aire con su carga
the sun pure of outside perfumed the air with its load

blanca de azahar... ¡Qué bien —perfumaba mi alma—
white of orange blossom What well perfumed my soul
How

ser naranjo en flor, ser viento puro, ser sol alto!
to be orange tree in flower to be wind pure be sun high

... Y, sin embargo, no me iba...
And without hinder not me (I) went
doubt

164

LIX - Anochecer
Nightfall

En — el — recogimiento — pacífico — y — rendido — de — los
In — the — recollection — peaceful — and — surrendered — of — the

crepúsculos — del — pueblo, — ¡qué — poesía — cobra — la — adivinación
twilights — of the — village — what — poetry — covers — the — fortune telling

de — lo — lejano, — el — confuso — recuerdo — de — lo — apenas — conocido!
of — the — distant — the — confused — memory — of — it — hardly — known

Es — un — encanto — contagioso — que — retiene — todo — el — pueblo
(It) is — a — charm — contagious — that — retains — all — the — village

como — enclavado — en — la — cruz — de — un — triste — y — largo
like — nailed — in — the — cross — of — a — sad — and — long

pensamiento.
thought

Hay — un — olor — al — nutrido — grano — limpio — que, — bajo — las
Has — a — smell — at the — nurtured — grain — cleansed — that — under — the
(There is) — — — of

frescas — estrellas, — amontona — en — las — eras — sus — vagas — colinas
fresh — stars — piles up — in — the — fields — its — vague — hills

—¡oh — Salomón!— — tiernas — y — amarillentas. — Los — trabajadores
oh — Solomon — tender — and — yellowish — The — workers

canturrean — por — lo — bajo, — en — un — soñoliento — cansancio.
(they) croon — for — it — under — in — a — sleepy — fatigue
— — under it

Sentadas — en — los — zaguanes, — las — viudas — piensan — en — los
Sitting — in — the — hallways — the — widows — think — in — the
— — — — — — — of

muertos, que duermen tan cerca, detrás de los corrales.
dead · that · sleep · so · close · behind · of · the · corrals / yards

Los niños corren, de una sombra a otra, como vuelan
The · children · run · from · one · shadow · to · (an)other · like · (they) fly

de un árbol a otro los pájaros...
from · one · tree · to · (an)other · the · birds

Acaso, entre la luz ombría que perdura en las fachadas
Maybe · between · the · light · shade · that · endures · in · the · facades

de cal de las casas humildes, que ya empiezan a
of · lime · of · the · houses · humble · that · already · begin · to

enrojecer las farolas de petróleo, pasan vagas siluetas
blush · the · streetlights · of · petroleum · pass · vague · silhouettes

terrosas, calladas, dolientes —un mendigo nuevo, un
earthy · quiet · mourners · a · beggar · new · a

portugués que va hacia las rozas, un ladrón acaso—,
portuguese · that / who · goes · towards · the · clearings / practice field · a · thief · maybe

que contrastan, en su oscura apariencia medrosa, con la
that / who · contrast · in · their · dark · appearance · fearful · with · the

mansedumbre que el crepúsculo malva, lento y místico,
meekness · that · the · dusk · mallow · slow · and · mystical

pone el las cosas conocidas... Los chiquillos se
places · it · the · things · known · The · little kids · themselves

alejan, y en el misterio de las puertas sin luz,
move away · and · in · the · mystery · of · the · doors · without · light

166

se	habla	de	unos	hombres	que	«sacan	el	unto	a	los
itself	speaks	of	some	men	that	take out	the	daub	to	the
is spoken										

niños	para	curar	a	la	hija	del	rey,	que	está
children	for	to cure	to	the	daughter	of the	king	that	is
								who	

hética»...
sick

LX - El sello

The seal

Aquél tenía la forma de un reloj, Platero. Se abría la
That had the form of a watch Platero Itself opened the

cajita de plata y aparecía, apretado contra el paño de
little box of silver and appeared cramped against the cloth of

tinta morada, como un pájaro en su nido. ¡Qué ilusión
taint purple like a bird in its nest What illusion
color magic

cuando, después de oprimirlo un momento contra la
when after of to press it a moment against the

palma blanca, fina y malva de mi mano, aparecía en
palm white delicate and mallow of my hand appeared in

ella la estampilla:
her the little stamp
markings

Francisco Ruiz, Moguer.
Francisco Ruiz Moguer

¡Cuánto soñé yo con aquel sello de mi amigo del
How much dreamed I with that seal of my friend of the
of

colegio de don Carlos!. Con una imprentilla que me
college of don Carlos With an little press that myself

encontré arriba, en el escritorio viejo de mi casa, intenté
(I) found up(stairs) in the study old of my house (I) tried

formar uno con mi nombre. Pero no quedaba bien, y
to form one with my name But not was left well and
it came out

sobre todo, era difícil la impresión. No era como el
over all was difficult the impression Not was like the
imprinting

otro, que con tal facilidad dejaba, aquí y allá, en un
other that with such ease left here and there in a

libro, en la pared, en la carne, su letrero:
book in the wall in the flesh its lettering

Francisco Ruiz, Moguer.
Francisco Ruiz Moguer

Un día vino a mi casa, con Arias, el platero de Sevilla,
A day came to my house with Arias the silversmith of Seville

un viajante de escritorio. ¡ Qué embeleso de reglas, de
a traveller of study What enchantment of rules of

compases, de tintas de colores, de sellos !Los había de
compasses of inks of colors of seals Those had of

todas las formas y tamaños. Yo rompí mi alcancía, y
all the forms and weights I broke my cashbox and
piggy bank

con un duro que me encontré, encargué un sello con
with a duro that myself (I) found ordered a seal with
(coin)

mi nombre y pueblo. ¡Qué larga semana aquélla! ¡Qué
my name and village What long week that one What

latirme el corazón cuando llegaba el coche del
to beat myself the heart when arrived the coach of the

correo! ¡Qué sudor triste cuando se alejaban, en
mail what sweat sad when themselves (they) distanced in

169

la lluvia, los pasos del cartero! Al fin, una noche, me
the rain the steps of the postman At the end a night me

lo trajo. Era un breve aparato complicado, con lápiz,
it brought Was a short apparatus complicated with pencil

pluma, iniciales para lacre... ¡qué sé yo! Y dando a
feather initials for lacquer what know I And giving to

un resorte, aparecía la estampilla, nuevecita, flamante.
a spring appeared the stamp nicely new radiant

¿Quedó algo por sellar en mi casa? ¿Qué no era
Remained something for to seal in my house What not was
to stamp

mío? Si otro me pedía el sello —¡cuidado, que se va
(of) mine If other me asked the seal careful that itself goes

a gastar!—, ¡qué angustia! Al día siguiente, con qué
to wear what anguish At the day following with what

prisa alegre llevé al colegio todo, libros, blusa,
haste happy (I) arrived at the college all books shirt

sombrero, botas, manos, con el letrero:
hat boots hands with the lettering

Juan Ramón Jiménez, Moguer.
Juan Ramon Jimenez Moguer

LXI - La perra parida

The bitch parted (The female dog that gave birth)

La   perra   de   que   te   hablo,   Platero,   es   la   de
The   female dog   of   that   you   (I) speak   Platero   is   the one   of

Lobato,   el   tirador.   Tú   la   conoces   bien,   porque   la
Lobato   the   shooter   You   her   (you) know   well   because   her

hemos   encontrado   muchas   veces   por   el   camino   de   los
(we) have   encountered   many   times   by   the   road   of   the

Llanos...   ¿Te   acuerdas?   Aquella   dorada   y   blanca,
Flats   Yourself   (you) remember   That   gilded   and   white

como   un   poniente   anubarrado   de   mayo...   Parió
like   a   setting   foggy   of   May   (She) gave birth to

cuatro   perritos,   y   Salud,   la   lechera,   se   los   llevó   a
four   little dogs / puppies   and   Salud   the   milkwoman   herself   them   took   to

su   choza   de   las   Madres   porque   se   le   estaba   muriendo
her   hut   of   the   Mothers   because   herself   it   was   dying

un   niño   y   Luis   le   había   dicho   que   le   diera   caldo   de
a   child   and   Luis   him   had   said   that   him   gave   warmth   of

perritos.   Tú   sabes   bien   lo   que   hay   de   la   casa   de
puppies   You   know   well   it   that   has / there is   from   the   house   of

Lobato   al   puente   de   las   Madres,   por   la   pasada   de   las
Lobato   to the   bridge   of   the   Mothers   by   the   crossing   of   the

Tablas...
Tablas

Platero,	dicen	que	la	perra	anduvo	como	loca	todo
Platero	(they) say	that	the	bitch / female dog	walked	like	mad	all

aquel	día,	entrando	y	saliendo,	asomándose	a	los
that	day	entering	and	exiting	going out herself	to	the

caminos,	encaramándose	en	los	vallados,	oliendo	a	la
roads	perching herself	on	the	fences	smelling	to	the

gente...	Todavía	a	la	oración	la	vieron,	junto	a	la
people	Still	at	the	prayer	her	(they) saw	together	at	the

casilla	del	celador,	en	los	Hornos,	aullando	tristemente
little hut	of the	watchman	in	the	Ovens	howling	sadly

sobre	unos	sacos	de	carbón,	contra	el	ocaso.
on	some	sacks	of	coal	against	the	sunset

Tú	sabes	bien	lo	que	hay	de	la	calle	de	Enmedio	a
You	know	well	it	that / what	has / there is	of / by	the	street	of	Enmedio (in-middle)	at

la	pasada	de	las	Tablas...	Cuatro	veces	fue	y	vino	la
the	crossing	of	the	Tablas	Four	times	went	and	came	the

perra	durante	la	noche,	y	cada	una	se	trajo	a	un
female dog	during	the	night	and	each	one	itself	brought	to	a

perrito	en	la	boca,	Platero.	Y	al	amanecer,	cuando
little dog	in	the	mouth	Platero	And	at the	dawning	when

Lobato	abrió	su	puerta,	estaba	la	perra	en	un	umbral
Lobato	opened	his	door	was	the	female dog	on	a	threshold

mirando	dulcemente	a	su	amo,	con	todos	los	perritos
looking	sweetly	at	her	master	with	all	the	little dogs

agarrados, en torpe temblor, a sus tetillas rosadas y
grabbed   in bungling tremor   at her small breasts pink and

llenas...
full

LXII - Ella y nosotros

She and us

Platero, acaso ella se iba —¿adónde?— en aquel tren
Platero maybe she herself went where in that train

negro y soleado que, por la vía alta, cortándose sobre
black and sunny that by the way high cutting itself on

los nubarrones blancos, huía hacia el Norte.
the storm clouds white fled towards the North

Yo estaba abajo, contigo, en el trigo amarillo y
I was down with you in the wheat yellow and

ondeante, goteado todo de sangre de amapolas, a las
fluttering dripped all of blood of poppies to those

que ya julio ponía la coronita de ceniza. Y las
that already July set the crown of ash(es) And the

nubecillas de vapor celeste ¿te acuerdas? entristecían
little clouds of vapor sky blue yourself remember (They) saddened

un momento el sol y las flores, rodando vanamente
a moment the sun and the flowers rolling vainly

hacia la nada...
towards the nothing

¡Breve cabeza rubia, velada de negro!... Era como el
Brief head blonde evening of black (It) was like the

retrato de la ilusión en el marco fugaz de la ventanilla.
portrait of the delusion in the mark fleeting of the window

174

Tal vez ella pensara: ¿Quiénes serán ese hombre
Such time she will think Who will be that man
Maybe

enlutado y ese burrillo de plata?
in mourning and that donkey of silver

¡Quiénes habíamos de ser! Nosotros... ¿Verdad, Platero?
Who (we) had of to be Us True Platero

LXIII - Gorriones

Sparrows

La mañana de Santiago está nublada de blanco y gris,
The morning of Santiago is cloudy of white and gray

como guardada en algodón. Todos se han ido a
as guarded in cotton All themselves have gone to

misa. Nos hemos quedado en el jardín los gorriones,
mass Us (we) have remained in the garden the sparrows

Platero y yo.
Platero and I

¡Los gorriones! Bajo las redondas nubes, que, a veces,
The sparrows Under the round clouds that at times

llueven unas gotas finas, ¡cómo entran y salen en
rain some drops fine how (they) enter and (they) exit in

la enredadera, cómo chillan, cómo se cogen de
the climbing plant how (they) scream how themselves (they) catch of

los picos! Este cae sobre una rama, se va y la
the beaks This (one) falls on a branch itself goes and the

deja temblando; el otro se bebe un poquito de
leaves trembling the other himself (he) drinks a little bit of

cielo en un charquillo del brocal del pozo; aquél ha
sky in a puddle of the parapet of the hole that (one) has
                            well wall   well

saltado al tejadillo del alpende, lleno de flores casi
jumped off to the cover of the tool shed full of flowers almost

secas, que el día pardo aviva.
dry that the day brown enliven

¡Benditos pájaros, sin fiesta fija! Con la libre
Blessed birds without feast/holidays fixed With the free

monotonía de lo nativo, de lo verdadero, nada, a no ser
monotony of the native of the true (one) nothing to not be

una dicha vaga, les dicen a ellos las campanas.
a luck vague them tell to them the bells

Contentos, sin fatales obligaciones, sin esos olimpos
Content without fatal obligations without those olympias heavens

ni esos avernos que extasían o que amedrentan a los
nor those infernos hells that make ecstatic or that intimidate to the

pobres hombres esclavos, sin más moral que la
poor men (who are) slaves without more moral than the

suya ni más Dios que lo azul, son mis hermanos, mis
(of) his nor more God than the blue are my brothers my

dulces hermanos.
sweet brothers

Viajan sin dinero y sin maletas: mudan de
(They) travel without money and without suitcases (they) move from

casa cuando se les antoja; presumen un arroyo,
house when themselves them (it) feels like (they) boast a stream

presienten una fronda, y solo tienen que abrir sus
(they) have a feeling a plenty and only have that to open his

alas para conseguir la felicidad; no saben de lunes
wings for to get the happiness not (they) know of Mondays

ni de sábados; se bañan en todas partes, a cada
nor of Saturdays themselves (they) bathe in all parts at each

momento; aman el amor sin nombre, la amada
moment (they) love the love without name the beloved

universal. Y cuando las gentes ¡las pobres gentes!,
universal And when the people the poor people

se van a misa los domingos, cerrando las puertas,
themselves go to mass the Sundays closing the doors

ellos, en un alegre ejemplo de amor sin rito, se
them in a happy example of love without rite themselves

vienen de pronto, con su algarabía fresca y jovial, al
come of soon with their hubbub cool and jovial to the
suddenly

jardín de las casas cerradas, en las que algún poeta,
garden of the houses closed in those that some poet

que ya conocen bien, y algún burrillo tierno —¿te
that already (they) know well and some donkey tender yourself

juntas conmigo?— los contemplan fraternales.
(you) join with me these (they) contemplate fraternally

LXIV - Frasco Velez

Frasco Velez

Hoy no se puede salir, Platero.
Today not itself can go out Platero
one can

Acabo de leer en la
Finished of read in the

plazoleta de los Escribanos el bando del alcalde:
small square of the Escribanos the band of the mayor
Scribes (flock)

«Todo Can que transite por los andantes de esta Noble
Every Dog that transits through the walkings of this Noble
streets

Ciudad de Moguer, sin su correspondiente Sálamo o
City of Moguer without its corresponding Salamo or

bozal, será pasado por las armas por los Agentes de
muzzle will be passed through the arms by the Agents of

mi Autoridad».
my Authority

Eso quiere decir, Platero, que hay perros rabiosos en
That wants to say Platero that has dogs rabid in
there are

el pueblo. Ya ayer noche he estado oyendo tiros
the village Already yesterday night (I) have been hearing shots

y más tiros de la Guardia municipal, nocturna
and more shots of the Guard municipal nocturnal

consumera volante, creación también de Frasco Vélez, por
consumer flying creation also of Frasco Velez for

el Monturrio, por el Castillo, por los Trasmuros.
the Monturrio for the Castle for the Trasmuros

Lolilla, la tonta, dice alto por las puertas y ventanas
Lolilla the foolish girl says high/loud for the doors and windows

que no hay tales perros rabiosos, y que nuestro
that not has/there are such dogs rabid and that our

alcalde actual, así como el otro, Vasco, vestía al Tonto
mayor current thus/just like as the other Vasco wore at the Fool

de fantasma, busca la soledad que dejan sus tiros para
of ghost searches the solitude that leave his shots for

pasar su aguardiente de pita y de higo. Pero ¿y si
to pass/to drink his schnapps of agave and of fig But and if

fuera verdad y te mordiera un perro rabioso? ¡No
(it) was true and you will bite a dog rabid not

quiero pensarlo, Platero!
(I) want to think about it Platero

LXV - El verano

The summer

Platero va chorreando sangre, una sangre espesa y
Platero goes dripping blood a blood thick and

morada, de las picaduras de los tábanos. La chicharra
purple from the bites of the horseflies The cicada

sierra un pino, que nunca llega... Al abrir los ojos,
saws a pine tree that never arrives At the to open the eyes
(makes a sawing sound) is done opening of

después de un inmenso sueño instantáneo, el paisaje de
after of an immense sleep instantaneous the landscape of

arena se me torna blanco, frío en su ardor, como
sand itself (for) me turns white cold in its ardor like

fósil espectral.
fossil spectral

Están los jarales bajos consteladas de sus grandes
(There) are the thickets low clustered of their great
by

flores vagas, rosas de humo, de gasa, de papel de seda,
flowers vague roses of smoke of gauze of paper of silk

con las cuatro lágrimas de carmín; y una calina que
with the four tears of carmine and a haze that

asfixia, enyesa los pinos chatos. Un pájaro nunca visto,
suffocates plasters the pine trees flat A bird never seen

181

amarillo	con	lunares	negros,	se	eterniza,	mudo,	en	una
yellow	with	moons / polka dots	black	itself	eternalizes / sits still forever	mute	on	a

rama.
branch

Los	guardas	de	los	huertos	suenan	el	latón	para	asustar
The	guards	of	the	orchards	sound	the	brass	for	frighten

a	los	rabúos,	que	vienen,	en	grandes	bandos	celestes,
to	the	(birds)	that	come	in	great	bands	celestial / (from the sky)

por	naranjas...	Cuando	llegamos	a	la	sombra	del	nogal
for	oranges	When	(we) arrived	at	the	shadow	of the	walnut

grande	rajo	dos	sandías,	que	abren	su	escarcha
large	(I) cut up	two	watermelons	that	open	their	frost

grana	y	rosa	en	un	largo	crujido	fresco.	Yo	me	como
deep red	and	pink	in	a	long	crunch	fresh	I	myself	ate

la	mía	lentamente,	oyendo,	a	lo	lejos,	las	vísperas	del
the	mine	slowly	hearing	at	the	distance	the	eves / (the eve)	of the

pueblo.	Platero	se	bebe	la	carne	de	azúcar	de	la
village	Platero	himself	drinks	the	meat	of	sugar	of	the

suya	como	si	fuese	agua.
his	as	if	(it) was	water

LXVI - Fuego en los montes
Fire on the mountains

La campana gorda!... Tres..., cuatro toques... ¡Fuego!
The bell fat Three four touches fire
rings

Hemos dejado la cena, y, encogido el corazón por la
(We) have left the dinner and shrunken the heart by the

negra angostura de la escalerilla de madera hemos
black narrows of the little stairs of wood (we) have

subido, en alborotado silencio afanoso, a la azotea.
mounted in rowdy silence eager to the rooftop

...¡En el campo de Lucena! grita Anilla, que ya
In the field of Lucena shouted Anilla that already
who

estaba arriba, escalera abajo, antes de salir nosotros a
was up stair(s) down before of to exit us to

la noche... ¡Tan, tan, tan, tan!. Al llegar afuera
the night So so so so At the to arrive outside
Like this like this like this like this At arriving

—¡qué respiro!—, la campana limpia su duro golpe sonoro
what breath the bell cleans its hard blow sonorous
panting

y nos amartilla a los oídos y nos aprieta el corazón.
and us hammers to the ears and us squeezes the heart

—Es grande, es grande... Es un buen fuego...
(It) is large is large (It) is a good fire

183

Sí. En el negro horizonte de pinos, la llama distante
Yes On the black horizon of pine trees the flame distant

parece quieta en su recortada limpidez. Es como un
seems still in its cropped limpidity (It) is like an

esmalte negro y bermellón, igual a aquella
enamel black and vermilion equal to that

Caza, de Piero di Cosimo, en donde el fuego está
Hunt of Piero of Cosimo in where the fire is
(a painting)

pintado sólo con negro, rojo y blanco puros. A veces
painted only with black red and white pure At times

brilla con mayor brío otras, lo rojo se hace casi
(it) shines with greatest verve others it reddens itself makes almost
other times

rosa, del color de la luna naciente... La noche de
pink of the color of the moon nascent The night of

agosto es alta y parada, y se diría que el
august is high and stopped and itself would be said that the
immobile one would say

fuego está ya en ella para siempre, como un elemento
fire is already in her for always as an element

eterno... Una estrella fugaz corre medio cielo y se
eternal A star fleeting runs half (the) sky and itself

sume en el azul, sobre las Monjas... Estoy conmigo...
submits in the blue over the Nuns (I) am with me
(monastery) alone

Un rebuzno de Platero, allá abajo, en el corral, me trae
A bray of Platero there down in the corral me brings
yard

a la realidad... Todos han bajado... Y en un escalofrío,
to the reality All have gone down And in a shiver

con que la blandura de la noche, que ya va a la
with that the softness of the night that already goes to the

vendimia, me hiere, siento como si acabara de pasar
grape harvest me hurts (I) feel as if will finish of to pass

junto a mí aquel hombre que yo creía en mi niñez
together to me that man that I believed in my childhood

que quemaba los montes, una especie de Pepe el Pollo
that burned the mountains a sort of Pepe the Chicken

—Oscar Wilde moguereño—, ya un poco viejo, moreno
Oscar Wilde from Moguer already a little old dark

y con rizos canos, vestida su afeminada redondez
and with curls (of) gray (hair) dressed his effeminate roundness

con una chupa negra y un pantalón de grandes
with a leather jacket black and a trousers of great

cuadros en blanco y marrón, cuyos bolsillos reventaban
squares in white and brown whose pockets burst

de largas cerillas de Gibraltar...
of long matches of Gibraltar
with

LXVII - El arroyo

The stream

Este arroyo, Platero, seco ahora, por el que vamos a la
This stream Platero dry now for it / by which that (we) go to the

dehesa de los Caballos, está en mis viejos libros amarillos,
pasture of the Horses is in my old books yellow

unas veces como es, al lado del pozo ciego de su
some times as is at the side of the hole blind / cesspool of its

prado, con sus amapolas pasadas de sol y sus damascos
meadow with its poppies past of sun and its apricots

caídos; otras, en superposiciones y cambios alegóricos,
fallen others in overlays and changes allegorical

mudado, en mi sentimiento, a lugares remotos, no
moved out in my sadness to places distant not

existentes o sólo sospechados.
existing or only suspected

Por él, Platero, mi fantasía de niño brilló sonriendo, como
For he / that Platero my fantasy of child shone smiling as

un vilano al sol, con el encanto de los primeros
a villain at the sun with the charm of the first

hallazgos, cuando supe que él, el arroyo de los Llanos,
findings when (I) knew that he the stream of the Flats

era el mismo arroyo que parte el camino de San
was the same stream that parts the road of San

Antonio por su bosquecillo de álamos cantores; que
Antonio by its copse of poplars singing that

186

andando por él, seco, en verano, se llegaba aquí;
walking through him dry in summer oneself arrived here
it

que echando un barquito de corcho allí, en los álamos,
that throwing a little boat of cork there in the poplars

en invierno, venía hasta estos granados, por debajo
in winter came until these pomegranates by underneath

del puente de las Angustias, refugio mío cuando
of the bridge of the Angustias refuge (of) mine when

pasaban toros...
passed bulls

¡Qué encanto este de las imaginaciones de la niñez,
What charm this of the imaginations of the childhood

Platero, que yo no sé si tú tienes o has tenido!
Platero that I not know if you have or (you) have had

Todo va y viene, en trueques deleitosos; se mira
All goes and comes in barterings delightful oneself watches
exchanges

todo y no se ve, más que como estampa
all and not oneself sees more than like (a) stamp

momentánea de la fantasía... Y anda uno semiciego,
momentary of the fantasy And goes one semi-blind

mirando tanto adentro como afuera, volcando, a veces,
looking so much inside as outside overturning at times

en la sombra del alma la carga de imágenes de la
in the shadow of the soul the load of images of the

vida, o abriendo al sol, como una flor cierta, y
life or opening to the sun like a flower certain and

187

poniéndola en una orilla verdadera, la poesía, que
putting her *on* *a* *shore* *true* *the* *poetry* *that*

luego nunca más se encuentra, del alma iluminada.
after (that) *never* *more* *oneself* *encounters* *of the* *soul* *illuminated*

LXVIII - Domingo

Sunday

La pregonera vocinglería de la esquila de vuelta, cercana
The hawking clamor of the shearing of return close

ya, ya distante, resuena en el cielo de la mañana
already already distant resonates in the sky of the morning
now then

de fiesta, como si todo el azul fuera de cristal. Y el
of feast as if all the blue was of crystal. And the
holiday

campo, un poco enfermo ya, parece que se dora de
field a little ill already seems that itself goldens of
with

las notas caídas del alegre revuelo florido.
the notes fallen from the happy commotion flowered
flowering

Todos, hasta el guarda, se han ido al pueblo
All until the guard themselves have gone to the village

para ver la procesión. Nos hemos quedado solos Platero
for to see the procession Us (we) have remained alone Platero

y yo. ¡Qué paz! ¡Qué pureza! ¡Qué bienestar! Dejo a
and I What peace What purity What wellness Let to

Platero en el prado alto, y yo me echo, bajo un
Platero in the meadow high and I myself throw under a

pino lleno de pájaros que no se van, a leer.
pine tree full of birds that not ~~themselves~~ go to read

Omar Khayam...
Omar Khayam

En el silencio que queda entre dos repiques, el
In the silence that remains between two chimes the

hervidero interno de la mañana de septiembre cobra
swarm internal of the morning of September covers

presencia y sonido. Las avispas orinegras vuelan
presence and sound. The wasps golden-black fly

en torno de la parra cargada de sanos racimos
in turn of the vine loaded of healthy clusters
around with

moscateles, y las mariposas, que andan confundidas con
(of) muscats and the butterflies that walk confused with
on

las flores, parece que se renuevan, en una
the flowers (it) seems that themselves (they) renew in a

metamorfosis de colorines, al revolar. Es la soledad
metamorphosis of redheads at the to roll over Is the solitude
rolling over The solitude is

como un gran pensamiento de luz.
like a great thought of light

De cuando en cuando, Platero deja de comer, y me
From when in when Platero leaves of to eat and me
time to time

mira... Yo, de cuando en cuando, dejo de leer, y
watches I from when in when leave of to read and
time to time stop with

miro a Platero...
look at Platero

190

LXIX - El canto del grillo

The song of the cricket

Platero   y   yo   conocemos   bien,   de   nuestras   correrías
Platero   and   I   (we) know   well   from   our   runnings
                                                             running around

nocturnas,   el   canto   del   grillo.
nocturnal   the   song   of the   cricket

El   primer   canto   del   grillo,   en   el   crepúsculo,   es
The   first   song   of the   cricket   in   the   dusk   is

vacilante,   bajo   y   áspero.   Muda   de   tono,   aprende   de   sí
hesitant   low   and   rough   Mute   of   tone   (it) learns   of   itself

mismo   y,   poco   a   poco,   va   subiendo,   va   poniéndose   en
same   and   little   by   little   goes   increasing   goes   putting himself   on

su   sitio,   como   si   fuera   buscando   la   armonía   del   lugar
its   site   as   if   (it) was   searching   the   harmony   of the   place

y   de   la   hora.   De   pronto,   ya   las   estrellas   en   el
and   of   the   hour   Of   soon   already   the   stars   in   the
                          Suddenly

cielo   verde   y   transparente,   cobra   el   canto   un   dulzor
sky   green   and   transparent   covers   the   song   a   sweetness

melodioso   de   cascabel   libre.
melodious   of   jingle bell   free

Las   frescas   brisas   moradas   van   y   vienen;   se   abren
The   fresh   breezes   purple   go   and   come   themselves   open

del   todo   las   flores   de   la   noche   y   vaga   por   el
of the   all   the   flowers   of   the   night   and   spread   through   the
         wholly

llano   una   esencia   pura   y   divina,   de   confundidos   prados
plain   an   essence   pure   and   divine   of   confused   meadows

azules, celestes y terrestres. Y el canto del grillo
blue celestial and terrestrial And the song of the cricket

se exalta, llena todo el campo; es cual la voz de la
itself exalts fills all the field is which the voice of the
                                    it is like

sombra. No vacila ya, ni se calla. Como surtiendo
shadow Not wavers already nor itself is quiet As (if) shooting up

de sí propio, cada nota es gemela de la otra, en una
from itself same each note is twin of the other in a

hermandad de oscuros cristales.
brotherhood of black crystals

Pasan, serenas, las horas. No hay guerra en el mundo
Pass serene the hours Not has war in the world
                              there is

y duerme bien el labrador, viendo el cielo en el fondo
and sleeps well the farmer seeing the sky in the depth

alto de su sueño. Tal vez el amor, entre las
high of his sleep Such time the love between the
                   Maybe

enredaderas de una tapia, anda extasiado,
creepers of a wall goes in rapture

los ojos en los ojos. Los habares mandan al pueblo
the eyes in the eyes The beans send to the village
looking each other in the eyes

mensajes de fragancia tierna, cual en una libre
messages of fragrence tender which in a free
                              like

adolescencia candorosa y desnuda. Y los trigos ondean,
adolescence candid and undressed And the wheats wave

verdes de luna, suspirando al viento de
green from (the) moon (light) sighing at the wind of

las dos, de las tres, de las cuatro... El canto del
the two of the three of the four The song of the
two o'clock three o'clock four o'clock

grillo, de tanto sonar, se ha perdido...
cricket of so much sounding itself has lost

¡Aquí está! ¡Oh canto del grillo por la madrugada,
Here (it) is Oh song of the cricket for the early morning
in

cuando, corridos de escalofríos, Platero y yo nos vamos
when run (through) of shaking chills Platero and I us (we) go

a la cama por las sendas blancas de relente! La luna
to the bed for the paths white of night dew The moon

se cae, rojiza y soñolienta. Ya el canto está
itself falls reddish and sleepy Already the song is

borracho de luna, embriagado de estrellas, romántico,
drunk of moon (light) drunk of stars romantic

misterioso, profuso. Es cuando unas grandes nubes
mysterious profuse (It) is when some great clouds

luctuosas, bordeadas de un malva azul y triste, sacan
sad bordered of a mallow blue and sad take out
by bring along

el día de la mar, lentamente...
the day from the sea slowly

LXX - Los toros
The bulls

¿A que no sabes, Platero, a qué venían esos niños? A
At what not (you) know Platero to what came those children To
Why

ver si yo los dejaba que te llevasen para pedir contigo
see if I them let that you (they) bring for to ask with you

la llave en los toros de esta tarde. Pero no te apures
the key in the bulls of this afternoon But not you hurry up
access to the bullfight

tú. Ya les he dicho que no lo piensen siquiera...
you Already them (I) have said that not it (they) think certainly
not in a million years

¡Venían locos, Platero! Todo el pueblo está conmovido
(They) came mad Platero All the village is touched
They became

con la corrida. La banda toca desde el alba, rota
with the running The band plays since the dawn broken
bullfight

ya y desentonada, ante las tabernas; van y
already and out of tune in front of the taverns (they) go and

vienen coches y caballos calle Nueva arriba, calle Nueva
come carriages and horses street New up street New

abajo. Ahí detrás, en la calleja, están preparando el
down Here behind in the alley (they) are preparing the

Canario, ese coche amarillo que les gusta tanto a los
Canary that coach yellow that them pleases so much to the

niños, para la cuadrilla. Los patios se quedan
children for the cuadrilla The patios themselves are left
(bullfighting)

sin flores, para las presidentas. Da pena ver a los
without flowers for the presidents Gives suffering to see to the
It hurts

muchachos andando torpemente por las calles con sus
boys walking awkwardly through the streets with their

sombreros anchos, sus blusas, su puro, oliendo a cuadra
hats wide their blouses their cigar smelling to stable
smelling bad

y a aguardiente...
and to schnapps
of

A eso de las dos, Platero, en ese instante de soledad
At that of the two Platero in that instant of solitude
At two o'clock

con sol, en ese hueco claro del día, mientras diestros
with sun in that gap clear of the day while right-handeds
bullfighters

y presidentas se están vistiendo, tú y yo
and presidents themselves are dressing you and I

saldremos por la puerta falsa y nos iremos por la
will go out through the door false and us we'll go by the

calleja al campo, como el año pasado...
alley at the field like the year passed

¡Qué hermoso el campo en estos días de fiesta, en que
What beautiful the field in these days of holiday in that
How

todos lo abandonan! Apenas si en un majuelo, en una
all it (they) abandon Hardly if in a hawthorn in a

huerta, un viejecito se inclina sobre la cepa agria, sobre
garden an old man itself bows over the vine sour over

el regato puro... A lo lejos sube sobre el pueblo,
the stream pure At the distance goes up over the village

como una corona chocarrera, el redondo vocerío, las
like a crown of bad taste the round shouting the

palmas, la música de la plaza de toros, que se
palms the music from the square of bulls that themselves

pierden a medida que uno se va, sereno, hacia la
lose at measure that one itself goes serene towards the
as

mar... Y el alma, Platero, se siente reina verdadera de
sea And the soul Platero itself feels queen true of

lo que posee por virtud de su sentimiento, del
it that (it) possesses for virtue of his sadness of the

cuerpo grande y sano de la Naturaleza, que, respetado,
body large and sane of the Nature that respected
who

da a quien lo merece el espectáculo sumiso de su
gives to whom it deserves the spectacle submissive of her

hermosura resplandeciente y eterna.
beauty resplendent and eternal

LXXI - Tormenta

Storm

Miedo. Aliento contenido. Sudor frío. El terrible cielo bajo
Fear / Breath / held in / Sweat / cold / The / terrible / sky / low

ahoga el amanecer. (No hay por dónde escapar.)
drowns / the / dawning / Not there is / has / for / where anywhere / to escape

Silencio... El amor se para. Tiembla la culpa. El
Silence / The / love / itself / stops / Trembles / the / guilt / The

remordimiento cierra los ojos. Más silencio...
remorse / closes / the / eyes / More / silence

El trueno, sordo, retumbante, interminable, como un
The / thunder / muted / rumbling / unending / like / a

bostezo que no acaba del todo, como una enorme carga
yawn / that / not / ends / of the at / all / like / an / enormous / load

de piedra que cayera del cenit al pueblo, recorre,
of / stone / that / fell / from the / zenith / at the / village / travels

largamente, la mañana desierta. (No hay por dónde
long / the / morning / deserted / Not / has there is / for / where anywhere

huir.) Todo lo débil —flores, pájaros— desaparece de la
to flee / All / the / weak / flowers / birds / disappears / from / the

vida.
life

Tímido, el espanto mira, por la ventana entreabierta, a
Shy the frightened look through the window ajar to

Dios, que se alumbra trágicamente. Allá en Oriente,
God that itself lights up tragically There in (the) East

entre desgarrones de nubes, se ven malvas y
between tears of clouds themselves see mallows and
are seen

rosas tristes, sucios, fríos, que no pueden vencer la
roses sad dirty cold that not can overcome the

negrura. El coche de las seis, que parecen las cuatro,
blackness The coach of the six that seem the four

se siente por la esquina, en un diluvio, cantando el
itself hears by the corner in a deluge singing the

cochero por espantar el miedo. Luego, un carro de
coachman for to scare away the fear Thereafter a car from

la vendimia, vacío, de prisa.
the grape harvest empty of haste
in

¡Angelus! Un Angelus duro y abandonado solloza entre
Angelus An Angelus hard and abandoned sobs between

el tronido. ¿El último Angelus del mundo? Y se
the thunder The last Angelus of the world And oneself

quiere que la campana acabe pronto o que suene más,
wants that the bell finishes soon or that (it) rings more

mucho más, que ahogue la tormenta. Y se va de
much more that (it) drowns the storm And oneself goes from

un   lado a   otro,   y   se   llora,   y   no   se   sabe   lo
one   side to   (an)other   and   oneself cries   and   not   oneself   knows   it

que   se   quiere...
that   oneself   wants

(No   hay   por   dónde   escapar.)   Los   corazones   están   yertos.
Not   has   for   where   to escape   The   hearts   are   stiff
       there is   anywhere

Los   niños   llaman   desde   todas   partes...
The   children   call   from   all   parts

—¿Qué   será   de   Platero,   tan   solo   en   la   indefensa   cuadra
What   will be   of   Platero   so   alone   in   the   defenseless   stable

del   corral?
of the   corral
         yard

LXXII - Vendimia

Wine-season

Este año, Platero, ¡qué pocos burros han venido con uva!.
This year Platero what few donkeys have come with grape
how

Es en balde que los carteles digan con grandes letras: A
Is in pail that the posters say with great letters At

seis reales. ¿Dónde están aquellos burros de Lucena,
six reals Where are those donkeys of Lucena
(spanish coin)

de Almonte, de Palos, cargados de oro líquido, prieto,
of Almonte of Palos loaded of gold liquid tight

chorreante, como tú, conmigo, de sangre; aquellas recuas
dripping like you with me of blood those packets

que esperaban horas y horas mientras se
that awaited hours and hours while themselves

desocupaban los lagares? Corría el mosto por las
(they) vacated the wineries Ran the wort through the

calles, y las mujeres y los niños llenaban cántaros,
streets and the women and the children filled pitchers

orzas, tinajas...
clay jugs jars

¡Qué alegres en aquel tiempo las bodegas, Platero, la
What happy in that time the wineries Platero the
How

bodega del Diezmo! Bajo el gran nogal que cayó el
(wine) cellar of the Diezmo Under the great walnut that fell the

200

tejado, los bodegueros lavaban, cantando, las botas con un
roof the winemakers washed singing the boots with a

fresco, sonoro y pesado cadeneo; pasaban los
fresh sonorous and heavy cadence passed the

trasegadores, desnuda la pierna, con las jarras de mosto
racks bare the leg(s) with the jugs of wort

o de sangre de toro, vivas y espumeantes; y allá en
or of blood of bull alive and foaming and there in

el fondo, bajo el alpende, los toneleros daban redondos
the bottom under the tool shed the coopers gave round

golpes huecos, metidos en la limpia viruta olorosa...
blows hollow stuck in the clean wood shavings fragrant

Yo entraba en Almirante por una puerta y salía por
I entered in Admiral through a door and left by

la otra —las dos alegres puertas correspondidas, cada una
the other the two happy doors reciprocated each one

de las cuales le daba a la otra su estampa de vida y
of the which it gave to the other its stamp of life and

de luz— , entre el cariño de los bodequeros...
of light between the love of the winemakers

Veinte lagares pisaban día y noche. ¡Qué locura, qué
Twenty wineries stepped on day and night What madness what

vértigo, qué ardoroso optimismo! Este año, Platero, todos
vertigo what burning optimism This year Platero all

están con las ventanas tabicadas y basta y sobra con
are with the windows partitioned and enough and surplus with

el del corral y con dos o tres lagareros.
that of the corral and with two or three olive pressers
yard

Y ahora, Platero, hay que hacer algo, que
And now Platero hasthere is that make something that
to

siempre no vas a estar de holgazán.
always not go to to be of idle

... Los otros burros han estado mirando, cargados, a
The other donkeys have been looking loaded at

Platero, libre y vago; y para que no lo quieran mal
Platero free and lazy and for that not it (they) want bad

ni piensen mal de él, me llego con él a la era
nor think bad of him me (I) arrive with him to the was

vecina, lo cargo de uva y lo paso al lagar, bien
neighbor him load of grape and him step to the winery well

despacio, por entre ellos... Luego me lo llevo de
slowly for between them After myself it (I) take from
Then him

allí disimuladamente...
there surreptitiously

LXXIII - Nocturno

Of the night

Del pueblo en fiesta, rojamente iluminado hacia el
From the village in holiday reddish illuminated towards the

cielo, vienen agrios valses nostálgicos en el viento suave.
sky come bitter waltzes nostalgic in the wind soft

La torre se ve, cerrada, lívida, muda y dura, en el
The tower itself sees closed livid mute and hard in the
appears

errante limbo violeta, azulado, pajizo... Y allá, tras
wandering limbo violet bluish straw covered And there bejind

las bodegas oscuras del arrabal, la luna caída, amarilla
the wineries dark from the suburb the moon fallen yellow

y soñolienta, se pone, solitaria, sobre el río.
and sleepy itself places solitary over the river

El campo está solo con sus árboles y con la sombra
The field is alone with its trees and with the shadow

de sus árboles. Hay un canto roto de grillo, una
of its trees Has a song broken of cricket a
There is

conversación sonámbula de aguas ocultas, una blandura
conversation sleepwalker of waters hidden a softness

húmeda, como si se deshiciesen las estrellas... Platero,
humid as if itself (they) undid the stars Platero

desde la tibieza de su cuadra, rebuzna tristemente.
from the tepidity of his stall braying sadly

La cabra andará despierta, y su campanilla insiste
The goat will walk wake up and his little bell insists

agitada, dulce luego. Al fin, se calla... A lo lejos,
agitated sweet after At the end itself is quiet At the distance
soft thereafter

hacia Montemayor, rebuzna otro asno... Otro, luego,
towards Montemayor brays (an)other donkey (An)other after

por el Vallejuelo... Ladra un perro...
by the Vallejuelo (There) barks a dog

Es la noche tan clara, que las flores del jardín
Is the night so clear that the flowers of the garden
The night is

se ven de su color, como en el día. Por la
themselves look of their color as in the day By the
can be seen by

última casa de la calle de la Fuente, bajo una roja y
last house of the street of the Fountain under a red and

vacilante farola, tuerce la esquina un hombre solitario...
hesitant streetlight turns the corner a man lonely

¿yo? No, yo, en la fragante penumbra celeste, móvil y
me No I in the fragrant semi-darkness sky blue mobile and

dorada, que hacen la luna, las lilas, la brisa y la
gilded that make the moon the lilacs the breeze and the

sombra, escucho mi hondo corazón sin par...
shadow (I) hear my deep heart without pair
equal

La esfera gira, sudorosa y blanda...
The sphere tour sweaty and soft

LXXIV - Sarito

Sarito

Para   la   vendimia,   estando   yo   una   tarde   grana   en   la
For   the   grape harvest   being   I   one   afternoon   deep red   in   the

viña   del   arroyo,   las   mujeres   me   dijeron   que   un
vineyard   of the   stream   the   women   me   said   that   a

negrito   preguntaba   por   mí.
black (person)   asked   for   me

Iba   yo   hacia   la   era,   cuando   él   venia   ya
Went   I   towards   the   threshing floor   when   he   came   already

vereda   abajo:
footpath   down

—¡Sarito!
Sarito

Era   Sarito,   el   criado   de   Rosalina,   mi   novia
(It) was   Sarito   the   servant   of   Rosalina   my   fiancee

portorriqueña.   Se   había   escapado   de   Sevilla   para
Puerto rican   Himself   (he) had   escaped   from   Seville   for

torear   por   los   pueblos,   y   venía   de   Niebla,
to fight bulls   for   the   villages   and   (he) came   from   Niebla
(village called Fog)

andando,   el   capote,   dos   veces   colorado,   al   hombro,   con
walking   the   cape   two   times   colored   at the   shoulder   with

hambre   y   sin   dinero.
hunger   and   without   money

Los vendimiadores lo acechaban de reojo, en un mal
The grape pickers him stalked of sideways in a bad
passed stalking

disimulado desprecio; las mujeres, más por los hombres
hidden scorn the women more for the men

que por ellas, lo evitaban. Antes, al pasar por el
that for them him avoided Before at the to pass by the
than at passing

lagar, se había peleado ya con un muchacho que
winery himself had fought already with a boy that

le había partido una oreja de un mordisco.
him had parted an ear of a bite
ripped with

Yo le sonreía y le hablaba afable. Sarito, no
I him smiled and him talked affable Sarito not

atreviéndose a acariciarme a mí mismo, acariciaba a
daring to caress me at me same caressed to

Platero, que andaba por allí comiendo uva; y me
Platero that walked by there eating grape and me
who

miraba, en tanto, noblemente...
(he) watched in so much nobly
now and then

206

LXXV - Última siesta

Last siesta

¡Qué triste belleza, amarilla y descolorida, la del sol
What sad beauty yellow and faded that of the sun

de la tarde, cuando me despierto bajo la higuera!
of the afternoon when myself (I) awake under the fig tree

Una brisa seca, embalsamada de derretida jara, me
A breeze dry embalmed of / by melted rockrose me

acaricia el sudoroso despertar. Las grandes hojas,
caresses the sweaty awakening The great leaves

levemente movidas, del blando árbol viejo, me enlutan
lightly moved of the / by the soft tree old me mourn / put in shade

o me deslumbran. Parece que me mecieran suavemente
or me dazzle (It) seems that me (they) rock gently

en una cuna que fuese del sol a la sombra, de la
in a cradle that went from the sun to the shade from the

sombra al sol.
shade to the sun

Lejos, en el pueblo desierto, las campanas de la tres
Far in the village deserted the bells of the three / three o'clock

suenan las vísperas, tras el oleaje de cristal del aire.
sound the eves / the eve after the surf of crystal of the air

Oyéndolas, Platero, que me ha robado una gran sandía
Hearing them Platero that me has robbed a great watermelon

207

de   dulce   escarcha   grana,   de pie,   inmóvil,   me   mira   con
of   sweet   frost   deep red   of foot   motionless   me   look   with
                                 standing

sus   enormes   ojos   vacilantes,   en   los   que   le   anda   una
his   huge   eyes   hesitant   in   those   that   him   goes   a

pegajosa   mosca   verde.
sticky   fly   green

Frente   a   sus   ojos   cansados,   mis   ojos   se   me   cansan
Front   to   his   eyes   tired   my   eyes   themselves   me   tire
In front   of

otra   vez...   Torna   la   brisa,   cual   una   mariposa   que
(an)other   time   Turns   the   breeze   which   a   butterfly   that
                                like

quisiera   volar   y   a   la   que,   de   pronto,   se   le
would like   fly   and   to   who   that   of   soon   themselves   him
                                 suddenly

doblaron   las   alas....   las   alas...   mis   párpados   flojos,   que,
doubled   the   wings   the   wings   my   eyelids   lazy   that

de   pronto,   se   cerraran...
of   soon   themselves   will close
  suddenly

LXXVI - Los fuegos
The fires

Para setiembre, en las noches de velada, nos poníamos en
For September in the nights of evening us (we) put on

el cabezo que hay detrás de la casa del huerto, a
the head that has behind of the house of the garden to
hilltop there is

sentir el pueblo en fiesta desde aquella paz fragante que
hear the village in feast from that peace fragrant that

emanaban los nardos de la alberca. Pioza, el viejo
emanated the nards of the swimming pool Pioza the old
(flowers)

guarda de viñas, borracho en el suelo de la
guard of (the) vineyards drunk on the ground of the

era, tocaba cara a la luna, hora tras hora, su
threshing floor played face to the moon hour after hour his

caracol.
shell
(instrument)

Ya tarde, quemaban los fuegos. Primero eran sordos
Already afternoon burned the fires First were muted

estampidos enanos; luego, cohetes sin cola, que
booms dwarfish then firecrackers without tail that

se abrían arriba, en un suspiro, cual un ojo
themselves opened up in a sigh which an eye
like

estrellado que viese, un instante, rojo, morado, azul, el
starry that sees an instant red purple blue the

campo; y otros cuyo esplendor caía como una doncellez
field and others whose splendor fell as a maidenhood

desnuda que se doblara de espaldas, como un sauce de
undressed that itself will fold from the back like a willow of

sangre que gotease flores de luz. ¡Oh, qué pavos
blood that dripped flowers of light Oh what turkeys

reales encendidos, qué macizos aéreos de claras rosas,
reals glowing what solid aerials of clear roses
(spanish coin)

qué faisanes de fuego por jardines de estrellas!
what pheasants of fire through gardens of stars

Platero, cada vez que sonaba un estallido, se
Platero each time that sounded an explosion himself

estremecía, azul, morado, rojo en el súbito iluminarse
shook blue purple red in the sudden light

del espacio; y en la claridad vacilante, que agrandaba
of the space and in the clarity hesitant that enlarged

y encogía su sombra sobre el cabezo, yo veía sus
and shrunk his shadow on the head I saw his
hilltop

grandes ojos negros que me miraban asustados.
great eyes black that me watched frightened

Cuando, como remate, entre el lejano vocerío del
When as finishing off between the distant shouting of the

pueblo, subía al cielo constelado la áurea corona
village went up to the sky starry the golden crown

giradora del castillo, poseedora del trueno gordo, que
spinning from the castle possessor of the thunder fat that

hace cerrar los ojos y taparse los oídos a las
makes close the eyes and cover themselves the ears to the

mujeres, Platero huía entre las cepas, como alma
women Platero fled between the grapevine stocks like soul

que lleva el diablo, rebuznando enloquecido hacia los
that carries the devil braying maddened towards the

tranquilos pinos en sombra.
quiet pine trees in shadow

LXXVII - El vergel
The orchard

Como	hemos	venido	a	la	Capital,	he	querido	que
As	(we) have	come	to	the	Capital	(I) have	wanted	that

Platero	vea	El	Vergel...	Llegamos	despacito,	verja	abajo,
Platero	see	The	Orchard	(We) arrived	slow	railing	down
							down along the fence

en	la	grata	sombra	de	las	acacias	y	de	los	plátanos,
in	the	pleasant	shadow	of	the	acacias	and	of	the	bananas

que	están	cargados	todavía.	El	paso	de	Platero	resuena
that	are	loaded	still	The	step	of	Platero	resonates
		hanging						

en	las	grandes	losas	que	abrillanta	el	riego,	azules	de
in	the	great	slabs	that	brighten	the	irrigation	blue	from

cielo	a	techos	y	a	techos	blancas	de	flor	caída	que,
sky	to	roofs	and	to	roofs	white	from	flower	fallen	that

con	el	agua,	exhala	un	vago	aroma	dulce	y	fino.
with	the	water	exhales	a	vague	smell	sweet	and	fine

¡Qué	frescura	y	qué	olor	salen	del	jardín,	que
What	freshness	and	what	smell	come out	from the	garden	that

empapa	también	el	agua,	por	la	sucesión	de	claros
soaks	also	the	water	through	the	succession	of	clearings

de	yedra	goteante	de	la	verja!	Dentro,	juegan	los	niños.
of	ivy	dripping	from	the	fence	Inside	play	the	children

Y	entre	su	oleada	blanca,	pasa,	chillón	y	tintineador,
And	between	its	wave	white	passes	gaudy	and	jingler

el	cochecillo	del	paseo,	con	sus	banderitas	moradas	y
the	buggy	of the	walk	with	its	little banners	purple	and

su toldillo verde; el barco del avellanero, todo
its awning green the boat of the hazelnut tree all

engalanado de granate y oro, con las jarcias ensartadas
decked out of garnet and gold with the rigging strung

de cacahuetes y su chimenea humeante; la niña de los
of peanuts and its hearth smoky the girl of the
by

globos, con su gigantesco racimo volador, azul, verde y
balloons with her gigantic cluster flying blue green and

rojo; el barquillero, rendido bajo su lata roja... En el
red the waffle maker surrendered under his tin red In the

cielo, por la masa de verdor tocado ya del mal
sky through the mass of greenery played already of the bad

del otoño, donde el ciprés y la palmera perduran,
of the autumn where the cypress and the palm tree linger

mejor vistos, la luna amarillenta se va encendiendo,
best seen the moon yellowish itself goes turning on

entre nubecillas rosas...
between little clouds roses

Ya en la puerta, y cuando voy a entrar en el
Already in the door and when (I) go to enter in the

vergel, me dice el hombre azul que lo guarda con su
orchard me says the man blue that it guards with his

caña amarilla y su gran reloj de plata:
cane yellow and his great watch of silver

—Er   burro   no   pué   entrá,   zeñó.
The   donkey   not   can   enter   sir
                      (puede)   (entrar)   (señor)

—¿El   burro?   ¿Qué   burro?   —le   digo   yo,   mirando   más   allá
The   donkey   What   donkey   him   say   I   looking   more   there

de   Platero,   olvidado,   naturalmente,   de   su   forma   animal...
of   Platero   forgotten   naturally   of   his   form   animal
                              of course

—¡Qué   burro   ha   de   zé,   zeñó;   qué   burro   ha   de
What   donkey   (it) has   of   to be   sir   what   donkey   (it) has   of
                              (ser)   (señor)

zéee...!
to be
(ser)

Entonces,   ya   en   la   realidad,   como   Platero   «no   puede
Then   already   in   the   reality   as   Platero   no   can

entrar»   por   ser   burro,   yo,   por   ser   hombre,   no   quiero
get in   for   to be   donkey   I   for   to be   man   not   want
              being

entrar,   y   me   voy   de   nuevo   con   él,   verja   arriba,
to enter   and   me   (I) go   of   new   with   him   railing   up
                              again

acariciándole   y   hablándole   de   otra   cosa...
caressing him   and   talking to him   of   (an)other   thing
                              other   things

LXXVIII - La luna

The moon

Platero acababa de beberse dos cubos de agua con
Platero finished of to drink himself two cubes buckets of water with

estrellas en el pozo del corral, y volvía a la cuadra,
stars in the hole well of the corral yard and returned to the stable

lento y distraído, entre los altos girasoles. Yo le
slow and distracted between the tall sunflowers I him

aguardaba en la puerta, echado en el quicio de cal y
awaited in the door thrown in the kink of lime and

envuelto en la tibia fragancia de los heliotropos.
enveloped in the warm fragrence of the heliotropes

Sobre el tejadillo, húmedo de las blanduras de setiembre,
Over the cover humid of the softness of September

dormía el campo lejano, que mandaba un fuerte aliento
slept the field distant that sent a strong breath

de pinos. Una gran nube negra, como una gigantesca
of pine trees A great cloud black as a gigantic

gallina que hubiese puesto un huevo de oro, puso la
hen that had set a egg of gold set the

luna sobre una colina.
moon on a hill

Yo le dije a la luna:
I him said to the moon

...Ma sola
But   only
(Italian, Giacomo Leopardi)

ha questa luna in ciel, che da nessuno
has that moon in sky that from no one
(Italian)

cader fu vista mai se non in sogno.
fall was seen ever if not in dream
(Italian)

Platero la miraba fijamente y sacudía, con un duro
Platero her watched fixedly and shook with a hard
it

ruido blando, una oreja. Me miraba absorto y sacudía
noise soft an ear Me (he) watched absorbed and shook

la otra...
the other

LXXIX - Alegría

Happiness

Platero	jugaba	con	Diana,	la	bella	perra	blanca	que
Platero	played	with	Diana	the	beautiful	female dog	white	that

se	parece	a	la	luna	creciente,	con	la	vieja	cabra	gris,
itself	seems	at	the	moon	growing	with	the	old	goat	gray

con	los	niños...
with	the	children

Salta	Diana,	ágil	y	elegante,	delante	del	burro,	sonando
Jumps	Diana	agile	and	elegant	in front	of the	donkey	sounding

su	leve	campanilla,	y	hace	como	que	le	muerde	los
its	light	little bell	and	does	as	that	him	bites	the
						if			

hocicos.	Y	Platero,	poniendo	las	orejas	en	punta,	cual
snouts	And	Platero	putting	the	ears	in	point	which
snout								like

dos	cuernos	de	pita,	la	embiste	blandamente	y	la	hace
two	horns	of	agave	her	rams	softly	and	her	makes

rodar	sobre	la	hierba	en	flor.
roll	on	the	grass	in	flower

La	cabra	va	al	lado	de	Platero,	rozándose	a	sus
The	goat	goes	to the	side	of	Platero	brushing	at	his

patas,	tirando	con	los	dientes	de	la	punta	de	las
legs	pulling	with	the	teeth	from	the	point	of	the

espadañas	de	la	carga.	Con	una	clavellina	o	con	una
cattails	of	the	load	With	a	carnation	or	with	a

margarita en la boca, se pone frente a él, le topa
daisy flower / in / the / mouth / itself / places / front / to / him / him / touches

en el testuz, y brinca luego, y bala alegremente,
in / the / forehead / and / jump / after / and / bullets / happily

mimosa igual que una mujer...
cuddly / equal / that (as) / a / wife

Entre los niños, Platero es de juguete. ¡Con qué
Between / the / children / Platero / is / of / toy / With / what

paciencia sufre sus locuras! ¡Cómo va despacito,
patience / suffers / their / lunacies / How / (he) goes / slow

deteniéndose, haciéndose el tonto, para que ellos no
stopping / making himself / the / fool / for / that / they / not

se caigan! ¡Cómo nos asusta, iniciando, de pronto,
themselves / fall / how / us / (he) scares / starting / of / soon (suddenly)

un trote falso!
a / trot / false

¡Claras tardes del otoño moguereño! Cuando el aire
Clear / afternoons / of the / autumn / (in) Moguer / When / the / air

puro de octubre afila los límpidos sonidos, sube del
pure / of / October / sharpens / the / limpid / sounds / goes up / of the

valle un alborozo idílico de balidos, de rebuznos, de risas
valley / a / joy / idyllic / of / bleating / of / braying / of / laughs

de niños, de ladreos y de campanillas...
of / children / of / barking / and / of / bluebells

LXXX - Pasan los patos

Pass the ducks (The ducks walk by)

He ido a darle agua a Platero. En la noche serena,
(I) have gone to give him water to Platero In the night serene

toda de nubes vagas y estrellas, se oye, allá arriba,
all of clouds vague and stars itself listens there up
one can hear

desde el silencio del corral, un incesante pasar de
from the silence of the corral, an incessant to pass of
yard passing

claros silbidos.
clear whistles

Son los patos. Van tierra adentro, huyendo de
(They) are the ducks (They) go earth inside running away from

la tempestad marina. De vez en cuando, como si
the storm marine From time in when as if
to time

nosotros hubiéramos ascendido o como si ellos hubiesen
us (we) would have ascended or as if they had

bajado, se escuchan los ruidos más leves de sus
descended themselves (they) listen the sounds most light of their

alas, de sus picos, como cuando, por el campo, se
wings of their beaks like when by the field oneself

oye clara la palabra de alguno que va lejos...
hears clear the word of anyone that goes far

Horas y horas, los silbidos seguirán pasando, en un
Hours and hours the whistles will follow passing in one

huir interminable
flee unending
escape

Platero, de vez en cuando, deja de beber y levanta
Platero from time in when leaves of to drink and rises
to time stops with

la cabeza como yo, como las mujeres de Millet, a las
the head like me like the women of Millet at the

estrellas, con una blanda nostalgia infinita...
stars with a soft nostalgia infinite

LXXXI - La niña chica
The little girl

La niña chica era la gloria de Platero. En cuanto de
The little girl girl was the glory of Platero In how much of
little girl As soon as

la veía venir hacia él, entre las lilas, con su
her (he) saw come towards him between the lilacs with her

vestidillo blanco y su sombrero de arroz, llamándolo
little dress white and her hat of rice calling him

dengosa: —¡Platero, Plateriiillo!—, el asnucho quería partir
affected Platero Little Platero the little donkey wanted to leave

la cuerda, y saltaba igual que un niño, y rebuznaba
the cord and jumped equal that a child and brayed
as

loco.
crazy

Ella, en una confianza ciega, pasaba una vez y otra
She in a confidence blind passed one time and other

bajo él, y le pegaba pataditas, le dejaba la mano,
under him and him hit small kicks him left the hand

nardo cándido, en aquella bocaza rosa, almenada de
nut candid in that big mouth pink crenelated of
like a nut with

grandes dientes amarillos: o, cogiéndole las orejas, que él
great teeth yellow or grabbing him the ears that he

ponía a su alcance, lo llamaba con todas las variaciones
set to her reach him called with all the variations

mimosas   de   su   nombre: —¡Platero!   ¡Platerón!   ¡Platerillo!
cuddly   of   his name   Platero   Big Platero Little Platero

¡Platerete!   ¡Platerucho!
Platerete   Platerucho

En   los   largos   días   en   que   la   niña   navegó   en   su   cuna
In   the   long   days   in   that the girl   sailed   in   her cradle

alba,   río   abajo,   hacia   la   muerte,   nadie   se   acordaba
(of) dawn river   down   towards the   death   nobody   oneself   remembered

de   Platero.   Ella,   en   su   delirio,   lo   llamaba   triste:
of   Platero   She   in   her   delirium   him   called   sadly

¡Plateriiilo!...   Desde   la   casa   oscura   y   llena   de   suspiros,
Little Platero   From   the   house   dark   and   full   of   sighs

se   oía,   a   veces,   la   lejana   llamada   lastimera   del
oneself   heard   at   times   the   distant   call   pitiful   of the

amigo.   ¡Oh   estío   melancólico!
friend   Oh   Summer   melancholically

¡Qué   lujo   puso   Dios   en   ti,   tarde   del   entierro!
What   luxury   set   God   on   you   afternoon   of the   funeral

Setiembre,   rosa   y   oro,   como   ahora,   declinaba.   Desde   el
September   pink   and   gold   like   now   declined   From   the
                                                  drew at an end

cementerio   ¡cómo   resonaba   la   campana   de   vuelta   en   el
graveyard   how   resounded   the   bell   of   turn   in   the
                                                      round the clock

ocaso   abierto,   camino   de   la   gloria!...   Volví   por   las
sunset   opened   road   of   the   glory   (I) turned   by   the

tapias,   solo   y   mustio,   entré   en   la   casa   por   la
walls   alone   and   withered   (I) entered   in   the   house   by   the

222

puerta	del	corral	y,	huyendo	de	los	hombres,	me
door	of the	corral yard	and	fleeing	from	the	men	myself

fui	a	la	cuadra	y	me	senté	a	pensar,	con	Platero.
(I) was	at	the	stable	and	myself	sat down	to	think	with	Platero

LXXXII - El pastor

The shepherd

En la colina, que la hora morada va tornando oscura
On the hill that the hour purple goes turning dark

y medrosa, el pastorcillo, negro contra el verde ocaso
and fearful the shepherd boy black against the green sunset

de cristal, silba en su pito, bajo el temblor de Venus.
of crystal whistles in his whistle under the tremor of Venus

Enredadas en las flores, que huelen más y ya no
Tangled in the flowers that smell more and already not

se ven, cuyo aroma las exalta hasta darles
themselves see whose smell them exalts until to give them
are visible

forma en la sombra en que están perdidas, tintinean,
form in the shadow in that (they) are lost jingle
which

paradas, las esquilas claras y dulces del rebaño,
stops the shears clear and sweet of the flock

disperso un momento, antes de entrar al pueblo, en el
dispersed a moment before of to enter at the village in the

paraje conocido.
place known

—Zeñorito, zi eze gurro juera mío...
Zeñorito if this donkey was mine
(señorito) (si) (ese) (burro) (fuera)

224

El chiquillo, más moreno y más idílico en la hora
The little boy more dark and more idyllic in the hour

dudosa, recogiendo en los ojos rápidos cualquier brillantez
doubtful collecting in the eyes rapid whatever brilliance

del instante, parece uno de aquellos mendiguillos que
of the instant seems one of those little beggars that

pintó Bartolomé Esteban, el buen sevillano.
painted Bartholomew Stephen the good Sevillian

Yo le daría el burro... Pero ¿qué iba yo a hacer
I him would give the donkey But what went I to do

sin ti, Platero?
without you Platero

La luna, que sube, redonda, sobre la ermita de
The moon that goes up round over the hermitage of

Montemayor, se ha ido derramando suavemente por
Montemayor itself has gone spilling gently throughout

el prado, donde aún yerran vagas claridades del día; y
the meadow where still err vague highlights of the day and

el suelo florido parece ahora de ensueño, no sé
the ground flowered seems now from (a) dream not (I) know
flowering

qué encaje primitivo y bello; y las rocas son más
what lace primitive and beautiful and the rocks are more

grandes, más inminentes y más tristes; y llora más el
great more imminent and more sad and cries more the

agua del regato invisible...
water of the stream invisible

Y   el   pastorcillo   grita,   codicioso,   ya   lejos:
And the shepherd boy shouted greedily already far

—¡Ayn! Zi eze gurro juera míooo...
Ay If this donkey was mine
(Si) (ese) (burro) (fuera)

LXXXIII - El canario se muere

The canary itself dies (The canary dies)

Mira, Platero; el canario de los niños ha amanecido hoy
Look, Platero, the canary of the children has dawned today

muerto en su jaula de plata. Es verdad que el pobre
dead in his cage of silver (It) is true that the poor (one)

estaba ya muy viejo... El invierno último, tú te
was already very old The winter last you yourself

acuerdas bien, lo pasó silencioso, con la cabeza
remember well it passed silent with the head

escondida en el plumón. Y al entrar esta primavera,
hidden in the plumage And at the / at the entrance of to enter this spring

cuando el sol hacía jardín la estancia abierta y abrían
when the sun made garden the room open and opened

las mejores rosas del patio, él quiso también engalanar
the best roses of the courtyard he wanted also deck

la vida nueva, y cantó; pero su voz era quebradiza y
the life new and sang but his voice was brittle and

asmática, como la voz de una flauta cascada.
asthmatic like the voice of a flute fallen

El mayor de los niños, que lo cuidaba, viéndolo yerto
The greatest / eldest of the children that him cared for seeing him rigid

en el fondo de la jaula, se ha apresurado, lloroso, a
on the bottom of the cage himself has hurried on tearful to

decir:
say

—¡Puej no l'a faltado ná; ni comida, ni agua!
But not him has missed nothing neither food nor water
(Pues) le ha nada

No. No le ha faltado nada, Platero. Se ha muerto
No Not him has missed nothing Platero Himself has died

porque sí, diría Campoamor, otro canario viejo...
because yes would say Campoamor (an)other canary old
(field love)

Platero, ¿habrá un paraíso de los pájaros? ¿Habrá un
Platero will have a paradise of the birds Will have an
there will be There will be

vergel verde sobre el cielo azul, todo en flor de
orchard green on the sky blue all in flower of

rosales áureos, con almas de pájaros blancos, rosas,
rose bushes golden with souls of birds white roses

celestes, amarillos?
celestial yellow

Oye; a la noche, los niños, tú y yo bajaremos el
Hear at the night the children you and I (we) will descend the
we will bury

pájaro muerto al jardín. La luna está ahora llena, y
bird dead at the garden The moon is now full and

a su pálida plata, el pobre cantor, en la mano cándida
to its pale silver the poor singer in the hand straight

de Blanca, parecerá el pétalo mustio de un lirio
of Blanca will seem the petal withered of a lily

amarillento.   Y   lo   enterraremos   en   la   tierra   del   rosal
yellow   And it   (we) will bury   in   the earth   of the rosebush

grande.
large

A   la   primavera,   Platero,   hemos   de   ver   al   pájaro   salir
At the spring   Platero   (we) have of to see to the bird   exit

del   corazón   de   una   rosa   blanca.   El   aire   fragante   se
from the   heart   of   a   rose   white   The   air   fragrant   itself

pondrá   canoro,   y   habrá   por   el   sol   de   abril   un
will put   sweet singing   and   will have   for   the   sun   of   April   an
           melodious   there will be

errar   encantado   de   alas   invisibles   y   un   reguero   secreto
erring   enchanted   of   wings   invisible   and   a   trail   secret

de   trinos   claros   de   oro   puro.
of   trills   clear   of   gold   pure

LXXXIV - La colina
The hill

¿No me has visto nunca, Platero, echado en la colina
Not me (you) have seen never Platero thrown on the hill
ever

romántico y clásico a un tiempo?
romantic and classic at a time
the same

...Pasan los toros, los perros, los cuervos, y no me
Pass the bulls the dogs the crows and not me

muevo, ni siquiera miro. Llega la noche y sólo me
(I) move nor certainly (I) watch Arrives the night and only me
even

voy cuando la sombra me quita. No sé cuándo me
(I) go when the shadow me leaves Not (I) know when me

vi allí por vez primera y aún dudo si estuve
(I) saw there for (the) time first and still (I) doubt if (I) was

nunca. Ya sabes qué colina digo; la colina roja
never Already (you) know what hill (I) say the hill red
ever I speak of

aquella que se levanta, como un torso de hombre y de
that one that itself rises as a torso of man and of

mujer, sobre la viña vieja de Cobano.
wife on the vineyard old of Cobano

En ella he leído cuanto he leído y he
On her (I) have read as much as (I) have read and (I) have

pensado todos mis pensamientos. En todos los museos
thought all my thoughts In all the museums

vi este cuadro mío, pintado por mí mismo: yo, de
(I) saw this painting (of) mine painted by myself same I of

negro, echado en la arena, de espaldas a mí, digo a
black thrown in the sand of shoulders to myself (I) say to
with the back

ti, o a quien mirara, con mi idea libre entre mis ojos
you or to whom will look with my idea free between my eyes

y el poniente.
and the west

Me llaman, a ver si voy ya a comer o a dormir,
Me (they) call to see if (I) go already to eat or to sleep

desde la casa de la Piña. Creo que voy, pero no
from the house of the Pineapple (I) believe that (I) go but not

sé si me quedo allí. Y yo estoy cierto, Platero, de
(I) know if myself (I) held there And I am certain Platero of

que ahora no estoy aquí, contigo, ni nunca en donde
that now not (I) am here with you nor never in where

esté, ni en la tumba, ya muerto; sino en la colina
(I) was nor in the tomb already dead but on the hill

roja, clásica a un tiempo y romántica, mirando, con un
red classical at a time and romantic looking with a

libro en la mano, ponerse el sol sobre el río...
book in the hand to put itself the sun over the river

231

LXXXV - El otoño

The autumn

Ya   el   sol,   Platero,   empieza   a   sentir   pereza   de   salir
Already   the   sun   Platero   starts   to   feel   sloth   of   to exit

de   sus   sábanas,   y   los   labradores   madrugan   más   que
from   its   sheets   and   the   workers   get up early   more   that

él.   Es   verdad   que   está   desnudo   y   que   hace   fresco.
him   (It) is   true   that   (it) is   bare   and   that   makes   fresh

¡Cómo   sopla   el   Norte!   Mira;   por   el   suelo,   las   ramitas
How   blows   the   North   Look   by   the   ground   the   little branches

caídas;   el   es   viento   tan   agudo,   tan   derecho,   que   está
fallen   it   is   wind   so   sharp   so   right   that   (it) is

todas   paralelas,   apuntadas   al   Sur.
all   parallel   pointed   to the   south

El   arado   va,   como   una   tosca   arma   de   guerra,   a   la
The   plow   goes   like   a   rough   weapon   of   war   to   the

labor   alegre   de   la   paz,   Platero;   y   en   la   ancha   senda
labor   happy   of   the   peace   Platero   and   in   the   wide   track

húmeda,   los   árboles   amarillos,   seguros   de   verdecer,
humid   the   trees   yellow   certain   of   to green

alumbran,   a   un   lado   y   otro,   vivamente,   como   suaves
light up   at   one   side   and   (an)other   vividly   as   gentle

hogueras   de   oro   claro,   nuestro   rápido   caminar.
bonfires   of   gold   clear   our   fast   walk

LXXXVI - El perro atado
The dog tied (The tied dog)

La   entrada   del   otoño   es   para   mí,   Platero,   un   perro
The   entrance   of the   autumn   is   for   me   Platero   a   dog

atado,   ladrando   limpia   y   largamente,   en   la   soledad   de
tied   barking   clean   and   long   in   the   solitude   of

un   corral,   de   un   patio   o   de   un   jardín,   que   comienzan
a   corral   of   a   courtyard   or   of   a   garden   that   begin
  yard

con   la   tarde   a   ponerse   fríos   y   tristes...
with   the   afternoon   to   put themselves   cold   and   sad

Dondequiera   que   estoy,   Platero,   oigo   siempre,   en   estos
Wherever   that   (I) am   Platero   (I) hear   always   in   these

días   que   van   siendo   cada   vez   más   amarillos,   ese   perro
days   that   (they) go   being   each   time   more   yellow   that   dog

atado,   que   ladra   al   sol   de   ocaso...
tied   that   (there) barks   at the   sun   of   sunset

Su   ladrido   me   trae,   como   nada,   la   elegía.   Son
His   bark   me   brings   like   nothing (else)   the   elegy   Are
  (They) are

los   instantes   en   que   la   vida   anda   toda   en   el   oro   que
the   instants   in   that   the   life   goes   all   in   the   gold   that

se   va,   como   el   corazón   de   un   avaro   en   la   última
itself   goes   as   the   heart   of   a   miser   in   the   last

onza   de   su   tesoro   que   se   arruina.   Y   el   oro   existe
ounce   of   his   treasury   that   itself   ruins   And   the   gold   exists

apenas, recogido en el alma avaramente y puesto por
hardly collected in the soul greedily and set for

ella en todas partes, como los niños cogen el sol con
her in all parts like the children catch the sun with

un pedacito de espejo y lo llevan a las paredes en
a bit of mirror and it carry to the walls in

sombra, uniendo en una sola las imágenes de la
shadow uniting in one single (image) the images of the

mariposa y de la hoja seca.
butterfly and of the leaf dry

Los gorriones, los mirlos, van subiendo de rama en
The sparrows the blackbirds go rising from branch in
                                                     to

rama en el naranjo o en la acacia, más altos cada
branch in the orange tree or in the acacia more tall each

vez con el sol. El sol se torna rosa, malva... La
time with the sun The sun itself turns pink mauve The

belleza hace eterno el momento fugaz y sin latido,
beauty makes eternal the moment fleeting and without beat

como muerto para siempre aún vivo. Y el perro le
as (if) dead for always still alive And the dog it
                              although

ladra, agudo y ardiente, sintiéndola tal vez morir, a
(there) barks sharp and burning feeling it such time die at
                                              maybe

la belleza...
the beauty

LXXXVII - La tortuga griega
The turtle greek (The greek turtle)

Nos	la	encontramos	mi	hermano	y	yo	volviendo,	un
Us	her	(we) encounter	my	brother	and	I	returning	one

mediodía,	del	colegio	por	la	callejilla.	Era	en	agosto
midday	from the	college	by	the	alley	(It) was	in	August

—¡aquel	cielo	azul	Prusia,	negro	casi,	Platero!—	y	para
that	sky	blue	Prussia	black	almost	Platero	and	for

que	no	pasáramos	tanto	calor,	nos	traían	por	allí,
that	not	(we) would pass	so much	heat	ourselves	brought	by	there

que	era	más	cerca...	Entre	la	yerba	de	la	pared	del
that	was	more	close	Between	the	herb grass	of	the	wall	of the

granero,	casi	como	tierra,	un	poco	protegida	por	la
barn	almost	like	earth	a	little	protected	by	the

sombra	del	Canario,	el	viejo	familiar	amarillo	que	en
shadow	of the	Canary	the	old	familiar	yellow	that	in

aquel	rincón	se	pudría,	estaba,	indefensa.	La	cogimos,
that	corner	itself	rotted	was	defenseless	Her	(we) caught

asustados,	con	la	ayuda	de	la	mandadera	y	entramos
frightened	with	the	help	of	the	errand girl	and	(we) entered

en	casa	anhelantes,	gritando:	¡Una	tortuga,	una	tortuga!
in	house	yearning	shouting	A	turtle	a	turtle

Luego	la	regamos,	porque	estaba	muy	sucia,	y
After	her	(we) watered	because	(she) was	very	filthy	and

salieron, como de una calcomanía, unos dibujos en oro
came out like from a decal some drawings in gold

y negro...
and black

Don Joaquín de la Oliva, el Pájaro Verde y otros que
Don Joaquin of the Olive the Bird Green and others that

oyeron a éstos, nos dijeron que era una tortuga griega.
heard to these us said that was a turtle Greek

Luego, cuando en los Jesuitas estudié yo Historia Natural,
After when in the Jesuits studied I History Natural

la encontré pintada en el libro, igual a ella en un
her (I) encountered painted in the book equal to her in an
   I found

todo, con ese nombre; y la vi embalsamada en la
all with that name and her (I) saw embalmed in the

vitrina grande, con un cartelito que rezaba ese nombre
glass case large with a poster that prayed that name

también. Así, no cabe duda, Platero, de que es una
also Thus not fits doubt Platero of that (she) is a
      harbor

tortuga griega.
turtle Greek

Ahí está, desde entonces. De niños, hicimos con ella
Here (she) is from then From children (we) did with her

algunas perrerías; la columpiábamos en el trapecio; le
some doggies her (we) swung in the trapeze it
   fooleries

236

echábamos a Lord; la teníamos días enteros boca arriba...
(we) threw to Lord her (we) had days entire mouth up

Una vez, el Sordito le dio un tiro para que viéramos
One time the Sordito him gave a shot for that (we) would see
                                     shot at it

lo dura que era. Rebotaron los plomos y uno fue a
the hard that (it) was Bounced the leads and one was to

matar a un pobre palomo blanco, que estaba bebiendo
kill to a poor pigeon white that was drinking

bajo el peral.
under the pear tree

Pasan meses y meses sin que se la vea. Un día,
Pass months and months without that itself her sees One day

de pronto, aparece en el carbón, fija, como muerta.
of soon (she) appears in the coal fixed like dead
   suddenly

Otro en el caño... A veces, un nido de huevos hueros
Other(s) in the spout At times a nest of eggs empty

son señal de su estancia en algún sitio; come con las
are signal of her room in some site (she) eats with the
     reminder

gallinas, con los palomos, con los gorriones, y lo que
hens with the pigeons with the sparrows and it that

más le gusta es el tomate. A veces, en primavera, se
most it pleases is the tomato At times in spring herself

enseñorea del corral, y parece que ha echado de
(she) masters of the corral and (it) seems that (she) has thrown of
              yard   off

su seca vejez eterna y sola, una rama nueva; que
her dry old age eternal and single a branch new that

237

se	ha	dado	a	luz	a	sí	misma	para	otro
herself	(she) has	given	to	light	to	herself	same	for	(an)other

siglo...
century

LXXXVIII - Tarde de octubre
Afternoon of October

Han pasado las vacaciones y, con las primeras hojas
Have passed the holidays and with the first leaves

amarillas, los niños han vuelto al colegio. Soledad. El
yellow the children have returned to the college Solitude The

sol de la casa, también con hojas caídas, parece vacío.
sun of the house also with leaves fallen (it) seems empty

En la ilusión suenan gritos lejanos y remotas risas...
In the illusion sound shouts distant and remote laughs

Sobre los rosales, aún con flor, cae la tarde,
Over the rose bushes still with flower falls the afternoon

lentamente. Las lumbres del ocaso prenden las últimas
slowly The lights of the sunset turn on the last
light

rosas, y el jardín, alzando como una llama de fragancia
roses and the garden rising like a call of fragrence

hacia el incendio del Poniente, huele todo a rosas
towards the fire of the West smells all to roses

quemadas. Silencio.
burned Silence

Platero, aburrido como yo, no sabe qué hacer. Poco a
Platero bored like I not knows what to do Little to
me by

poco se viene a mí, duda un punto, y, al fin,
little himself (he) comes to me doubt a point and at the end
bit

239

confiado,   pisando   seco   y   duro   en   los   ladrillos,   se
trusted   stepping on   dry   and   hard   in   the   brickstiles   himself

entra   conmigo   por   la   casa...
enters   with me   by   the   house
                      in

LXXXIX - Antonia

Antonia

El	arroyo	traía	tanta	agua,	que	los	lirios	amarillos,
The	stream	brought	so much	water	that	the	lilies	yellow

firme	gala	de	oro	de	sus	márgenes	en	el	estío,	se
firm	gala	of	gold	of at	its	margins	in	the	summer	themselves

ahogaban	en	aislada	dispersión,	donando	a	la	corriente
drowned	in	isolated	dispersion	giving	to	the	stream

fugitiva,	pétalo	a	pétalo,	su	belleza...
fugitive	petal	to by	petal	its	beauty

¿Por	dónde	iba	a	pasarlo	Antoñilla	con	aquel	traje
For	where	went	to	pass it	little Antonia	with	that	dress

dominguero?	Las	piedras	que	pusimos	se	hundieron
(of) Sunday	The	stones	that	(we) set	themselves	sank

en	el	fango.	La	muchacha	siguió,	orilla	arriba,	hasta	el
in	the	mud	The	girl	continued	shore	up	until	the

vallado	de	los	chopos,	a	ver	si	por	allí	podía...	No
bank	of	the	poplars	to	see	if	for	there	(she) could	Not

podía...	Entonces	yo	le	ofrecí	a	Platero,	galante.
(she) could	Then	I	it	offered	to	Platero	gallant

Al	hablarle	yo,	Antoñilla	se	encendió	toda,	quemado
At the	to talk it	I	little Antonia	herself	lit	all	burned

su	arrebol	las	pecas	que	picaban	de	ingenuidad	el
its	flush	the	freckles	that	stung pickled	of with	naivety	the

contorno de su mirada gris. Luego se echó a reír,
contour of her look gray After herself (she) threw to laugh
      eyes Then

súbitamente, contra un árbol... Al fin se decidió.
suddenly against a tree At the end herself (she) decided

Tiró a la hierba el pañuelo rosa del estambre,
(She) threw at the grass the handkerchief pink of the stamen

corrió un punto y, ágil como una galga, se
ran a point and agile like a hound herself
      while

escarranchó sobre Platero, dejando colgadas a un lado y
frosty on Platero leaving hung at a side and

otro sus duras piernas que redondeaban, en no sospechada
other her tough legs that rounded in not suspected

madurez, los círculos rojos y blancos de las medias
maturity the circles red and white of the stockings

bastas.
coarse

Platero lo pensó un momento, y, dando un salto seguro,
Platero it thought a moment and giving a jump sure

se clavó en la otra orilla. Luego, como Antoñilla,
himself nailed on the other shore After as little Antonia
      Then

entre cuyo rubor y yo estaba ya el arroyo, le
between whose blush and I was already the stream him

taconeara en la barriga, salió trotando por el llano,
tapped in the belly came out jogging by the plain

entre el reír de oro y plata de la muchacha morena
between the laugh of gold and silver of the girl brunette

sacudida.
shaken

... Olía a lirio, a agua, a amor. Cual una corona
(She) smelled to lily to water to love Which a crown
Like

de rosas con espinas, el verso que Shakespeare hizo
of roses with thorns the verse that Shakespeare made

decir a Cleopatra, me ceñía, redondo, el pensamiento:
say to Cleopatra me girded round the thought

O happy horse, to bear the weight of Anthony.
Oh happy horse to bear the weight of Anthony

—¡Platero! —le grité, al fin, iracundo, violento y
Platero him (I) screamed at the end wrathful violent and

desentonado...
out of tune

XC - El racimo olvidado
The forgotten bunch (The forgotten grapes)

Después de las largas lluvias de octubre, en el oro
After of the long rains of october in the gold

celeste del día abierto, nos fuimos todos a las
sky blue of the day opened ourselves (we) went all to the

viñas. Platero llevaba la merienda y los sombreros de
vineyards Platero took the snack and the hats of

las niñas en un cobujón del seroncillo, y en el otro,
the girls in a pocket of the little bale and in the other
small basket

de contrapeso, tierna, blanca y rosa, como una flor de
of counterweight tender white and pink like a flower of

albérchigo, a Blanca.
peach to Blanca

¡Qué encanto el del campo renovado ! Iban los arroyos
What charm that of the field renewed Went the streams
refreshed The streams went

rebosantes, estaban blandamente aradas las tierras, y en
overflowing were softly plowed the lands and on

los chopos marginales, festoneados todavía de amarillo, se
the poplars marginal festooned still of yellow itself

veían ya los pájaros, negros.
(they) saw already the birds black

De pronto, las niñas, una tras otra, corrieron, gritando:
Of soon the girls one after (the) other (they) ran shouting
Suddenly

244

—¡Un raciiimo!, ¡un raciiimo!
A   bunch (of grapes)   a   bunch (of grapes)

En una cepa vieja, cuyos largos sarmientos enredados
In a vine old whose large grapevines tangled

mostraban aún algunas renegridas y carmines hojas
showed still some blackened and carmine leaves

secas, encendía el picante sol un claro y sano racimo
dry lit the hot spicy sun a clear and sane cluster

de ámbar, brilloso como la mujer en su otoño. ¡Todas lo
of amber shiny as the wife in his autumn All it

querían! Victoria, que lo cogió, lo defendía a su
(they) wanted Victoria that / who it grabbed it defended at her

espalda. Entonces yo se lo pedí, y ella, con esa dulce
back Then I myself it asked and she with that sweet

obediencia voluntaria que presta al hombre la niña que
obedience voluntary that borrows to the man the girl that

va para mujer, me lo cedió de buen grado.
goes for wife me it ceded of / with good degree / politeness

Tenía el racimo cinco grandes uvas. Le di una a
Had the cluster five great grapes It gave one to

Victoria, una a Blanca, una a Lora, una a Pepa —¡los
Victory one to Blanca one to Lora one to Pepa the

niños!— , y la última, entre risas y palmas
children and the last between laughs and palms

unánimes,   a   Platero,   que   la   cogió,   brusco,   con   sus
unanimous   to   Platero   that   her   grabbed   abrupt   with   his
    who

dientes   enormes.
teeth   huge

XCI - Almirante
The Admiral

Tú no lo conociste. Se lo llevaron antes de que
You not him you met Themselves him (they) took before of that

tú vinieras. De él aprendí la nobleza. Como ves, la
you would come Of him (I) learned the nobility As (you) see the

tabla con su nombre sigue sobre el pesebre que fue
sign with his name continues on the manger that was

suyo, en el que están su silla, su bocado y su
(of) his in it that are his seat his bit and his
                                    saddle

cabestro.
halter

¡Qué ilusión cuando entró en el corral por vez primera,
What illusion when entered in the corral for time first
                                        yard

Platero !Era marismeño y con él venía a mí un
Platero Was marismeño and with him came to me a
              (rare breed of horse)

cúmulo de fuerza, de vivacidad, de alegría. ¡Qué bonito
heap of force of vivacity of joy What pretty
                                          How

era! Todas las mañanas, muy temprano, me iba con él
(it) was All the mornings very early me went with him

ribera abajo y galopaba por las marismas levantando
river down and galloped through the marshes raising

las bandadas de grajos que merodeaban por los molinos
the flocks of rooks that prowled by the mills

247

cerrados. Luego, subía por la carretera y entraba, en
closed After (I) went up by the paved road and entered on

un duro y cerrado trote corto, por la calle Nueva.
a hard and closed trot short through the street New

Una tarde de invierno vino a mi casa monsieur Dupont,
An afternoon of winter came to my house monsieur Dupont

el de las bodegas de San Juan, su fusta en la mano.
him of the wineries of San Juan his whip in the hand

Dejó sobre el velador de la salita unos billetes y
Let on the watcher of the living room some tickets and
           (guard)

se fue con Lauro hacia el corral. Después, ya
himself was with Lauro towards the corral After already
                              yard

anocheciendo, como en un sueño, vi pasar por la
dusk like in a sleep (I) saw pass through the

ventana a monsieur Dupont con Almirante enganchado en
window to monsieur Dupont with Admiral hooked on

su charret, calle Nueva arriba, entre la lluvia.
his chariot street New up between the rain

No sé cuántos días tuve el corazón encogido. Hubo
Not (I) know how many days (I) had the heart shrunken (I) had

que llamar al médico y me dieron bromuro y éter
that to call to the medic and me (they) gave bromide and ether
than

y no sé qué más, hasta que el tiempo, que
and not (I) know what more until that the time that

248

todo lo borra, me lo quitó del pensamiento, como
everything it erases me it removed from the thought like

me quitó a Lord y a la niña también, Platero.
me removed to Lord and to the girl also Platero

Sí, Platero. ¡Qué buenos amigos hubierais sido Almirante
Yes Platero What good friends would have been Admiral

y tú!
and you

XCII - Viñeta
Panel

Platero, en los húmedos y blandos surcos paralelos de
Platero in the damp and soft grooves parallels of

la oscura haza recién arada, por los que corre ya
the dark land recently plowed for those that run already

otra vez un ligero brote de verdor de las semillas
(an)other time a light outbreak of greenery of the seeds

removidas, el sol, cuya carrera es ya tan corta,
removed the sun whose career is already so cut
path short

siembra, al ponerse, largos regueros de oro sensitivo.
sowing at the to put itself large trickles of gold sensitive

Los pájaros frioleros se van, en grandes y altos
The birds chilly themselves go in great and high

bandos, al Moro. La más leve ráfaga de viento desnuda
bands to the Moor The most light gust of wind undresses

ramas enteras de sus últimas hojas amarillas.
branches whole of their last leaves yellow

La estación convida a mirarnos el alma, Platero.
The station invites to watch ourselves the soul Platero

Ahora tendremos otro amigo: el libro nuevo, escogido
Now (we) will have (an)other friend the book new chosen

y noble. Y el campo todo se nos mostrará abierto,
and noble And the field all itself us will show opened

250

ante	el	libro	abierto,	propicio	en	su	desnudez	al
before	the	book	opened	auspicious	in	his	nakedness	to the

infinito	y	sostenido	pensamiento	solitario.
infinite	and	sustained	thought	lonely

Mira,	Platero,	este	árbol	que,	verde	y	susurrante,	cobijó,
Look	Platero	this	tree	that	green	and	whispering	sheltered

no	hace	un	mes	aún,	nuestra	siesta.	Solo,	pequeño	y
not	makes	a	month	still	our	siesta	Alone	little	and
	since								

seco,	se	recorta,	con	un	pájaro	negro	entre	las	hojas
dry	itself	cut out	with	a	bird	black	between	the	leaves
bare									

que	le	quedan,	sobre	la	triste	vehemencia	amarilla	del
that	him	are left	on	the	sad	vehemence	yellow	of the

rápido	poniente.
fast	setting (sun)

XCIII - La escama

The scale

Desde	la	calle	de	la	Aceña,	Platero,	Moguer	es
From	the	street	of	the	Aceña	Platero	Moguer	is
Starting from								

otro	pueblo.	Allí	empieza	el	barrio	de	los	marineros.
(an)other	village	There	starts	the	district	of	the	sailors

La	gente	habla	de	otro	modo,	con	términos	marinos,	con
The	people	speak	of	other	manner	with	terms	marine	with
				in an other					

imágenes	libres	y	vistosas.	Visten	mejor	los	hombres,
images	free	and	showy	(They) dress	best	the	men
imaginations							

tienes	cadenas	pesadas	y	fuman	buenos	cigarros	y
(you) have	chains	heavy	and	smoke	good	cigars	and
they have							

pipas	largas.	¡Qué	diferencia	entre	un	hombre	sobrio,
pipes	long	What	difference	between	a	man	sober

seco	y	sencillo	de	la	carretería,	por	ejemplo,	Raposo,
dry	and	simple	of	the	highway	for	example	Raposo

y	un	hombre	alegre,	moreno	y	rubio,	Picón,	tú	lo
and	a	man	happy	dark	and	blond	Picon	you	him

conoces,	de	la	calle	de	la	Ribera!
know	of	the	street	of	the	Ribera

Granadilla,	la	hija	del	sacristán	de	San	Francisco,	es
Granadilla	the	daughter	of the	sacristan	of	San	Francisco	is

de	la	calle	del	Coral.	Cuando	viene	algún	día	a
from	the	street	of the	Coral	When	(she) comes	some	day	to
				Yard					

casa, deja la cocina vibrando de su viva charla
(the) house (she) leaves the kitchen vibrating of her lively chats
with

gráfica. Las criadas, que son una de la Friseta, otra del
graphic The maids that are one of the Friseta other of the
who

Monturrio, otra de los Hornos, la oyen embobadas.
Monturrio other of the Hornos her hear gawking
(Ovens) listen to

Cuenta de Cádiz, de Tarifa y de la Isla; habla
(She) recounts of Cadiz of Rate and of the Island (she) speaks

de tabaco de contrabando, de telas de Inglaterra, de
of tobacco of smuggling of fabrics of England of

medias de seda, de plata, de oro... Luego sale
stockings of silk of silver of gold After (she) comes out

taconeando y contoneándose, ceñida su figulina ligera
tapping and wiggling tight her little figure light

y rizada en el fino pañuelo negro de espuma...
and curly in the fine handkerchief black of mousse

Las criadas se quedan comentando sus palabras de
The maids themselves are left commenting her words of

colores. Veo a Montemayor mirando una escama de
colors (I) see to Montemayor watching one scale of

pescado contra el sol, tapado el ojo izquierdo con la
fish against the sun covered the eye left with the

mano... Cuando le pregunto qué hace, me responde que
hand When him (I) ask what does me (he) responds that
how it is

es la Virgen del Carmen, que se ve, bajo el arco
(it) is · the · Virgin · of the · Carmen · that · itself · sees · under · the · arch

iris, con su manto abierto y bordado, en la
rainbow · with · her · mantle · opened · and · embroidered · in · the
{arco iris}

escama, la Virgen del Carmen, la Patrona de los
scale · the · Virgin · of the · Carmen · the · Patroness · of · the

marineros; que es verdad, que se lo ha dicho
sailors · that · is · true · that · herself · it · has · said

Granadilla...
Granadilla

XCIV - Pinito

Pinito

—¡Eese!... ¡Eese!... ¡Eese!... ¡maj tonto que Pinitoooo!...
That   That   That   most fool that Pinitoooo
(mas)   than

Casi se   me   había ya   olvidado quién era Pinito.
Almost itself me   had   already forgotten whom   was Pinito

Ahora, Platero, en   este   sol suave del   otoño, que hace
Now   Platero   in   this   sun soft   of the   autumn that makes

de   los vallados de   arena roja un incendio mas   colorado
of   the walls   of   sand   red   a   fire   more colored

que   caliente, la   voz   de   ese   chiquillo   me hace, de pronto,
than hot   the voice of   that little boy me makes of soon
                                                                   suddenly

ver   venir a   nosotros, subiendo la   cuesta con   una carga
to see come   to us   mounting the slope   with a   load

de sarmientos renegridos, al   pobre Pinito.
of grapevines blackened   on the poor   Pinito

Aparece   en   mi memoria y   se   borra   otra   vez.
(He) appears in   my memory   and himself erases (an)other time

Apenas   puedo   recordarlo.   Lo   veo,   un punto,   seco,
Hardly   (I) can remember him   Him (I) see a   point   dry
                                                    moment

moreno, ágil, con   un resto de belleza en su   sucia
dark   agile with a   rest   of beauty   in his filthy

fealdad; más, al   querer   fijar mejor su   imagen, se   me
ugliness more at the to want fix   best   his image   itself me
                                 focus

255

escapa todo, como un sueño con la mañana, y ya
escapes all like a dream with the morning and already

no sé tampoco si lo que pensaba era de él... Quizá
not (I) know neither if it that (I) thought was of him Maybe

iba corriendo casi en cueros por la calle Nueva, en
(he) went running almost in leathers by the street New in

una mañana de agua, apedreado por los chiquillos; o, en
a morning of water stoned by the little kids or in

un crepúsculo invernal, tornaba, cabizbajo y dando
a dusk wintry (he) returned crestfallen and giving

tumbos, por las tapias del cementerio viejo, al Molino
tumbles by the walls of the graveyard old at the Windmill

de viento, a su cueva sin alquiler, cerca de los perros
of wind to his cave without rental close of the dogs

muertos, de los montones de basura y con los mendigos
dead of the heaps of garbage and with the beggars

forasteros.
outsiders

—¡...maj tonto que Pinitoooo!... ¡Eese!...
more fool that Pinitoooo That
than

¡Qué daría yo, Platero, por haber hablado una vez sola
What would give I Platero for to have spoken one time only

con Pinito! El pobre murió, según dice la
with Pinito The poor (one) died according to (what) says the

Macaria, de una borrachera, en casa de Colillas, en la
Macaria of a drunkenness in house of Colillas in the

256

gavia   del   Castillo,   hace   ya   mucho   tiempo,   cuando   era
ditch   of the   Castle   makes   already   much   time   when   was
since

yo   niño   aún,   como   tú   ahora,   Platero.   Pero   ¿sería
I   child   still   like   you   now   Platero   But   would (he) be

tonto?   ¿Cómo,   cómo   sería?
fool   How   how   would (he) be

Platero,   muerto   él   sin   saber   yo   cómo   era,   ya
Platero   died   he   without   to know   I   how   (it) was   already

sabes   que,   según   ese   chiquillo,   hijo   de   una   madre
(you) know   that   according to   that   little boy   son   of   a   mother

que   lo   conoció   sin   duda,   yo   soy   más   tonto   que   Pinito.
that   him   knew   without   doubt   I   am   more   fool   that   Pinito
than

XCV - El río

The river

Mira,	Platero,	cómo	han	puesto	el	río	entre	las
Look	Platero	how	(they) have	set	the	river	between	the

minas,	el	mal	corazón	y	el	padrastreo.	Apenas	si	su
mines	the	bad	heart	and	the	step-tracking	Hardly	when	its

agua	roja	recoge	aquí	y	allá,	esta	tarde,	entre	el
water	red	picks up	here	and	there	this	afternoon	between	the

fango	violeta	y	amarillo,	el	sol	poniente;	y	por	su
mud	violet	and	yellow	the	sun	west	and	for	its

cauce	casi	sólo	pueden	ir	barcas	de	juguete.	¡Qué
channel	almost	only	can	go	barges	of	toy	What

pobreza!
poverty

Antes,	los	barcos	grandes	de	los	vinateros,	laúdes,
Before	the	boats	great	of	the	vintners	lutes

bergantines,	faluchos	—El	Lobo,	La	Joven	Eloísa,	el	San
brigs	feluccas	The	Wolf	The	Young	Eloísa	the	San

Cayetano,	que	era	de	mi	padre	y	que	mandaba	el
Cayetano	that	was	of	my	father	and	that	sent	the

pobre	Quintero,	La	Estrella,	de	mi	tío,	que	mandaba
poor	Quintero	The	Star	of	my	uncle	that	sent

Picón	—ponían	sobre	el	cielo	de	San	Juan	la	confusión
Picón	put	over	the	sky	of	San	Juan	the	confusion

alegre	de	sus	mástiles—	¡sus	palos	mayores,	asombro	de
happy	of	their	masts	their	poles masts	main	surprise	of

los niños!—; o iban a Málaga, a Cádiz, a Gibraltar,
the children or (they) went to Malaga to Cadiz to Gibraltar

hundidos de tanta carga de vino... Entre ellos, las
sunk of so much cargo of wine Between them the

lanchas complicaban el oleaje con sus ojos, sus santos
boats complicated the surf with their eyes their saints

y sus nombres pintados de verde, de azul, de blanco,
and their names painted of green of blue of white

de amarillo, de carmín... Y los pescadores subían al
of yellow of carmine And the fishermen rose at the

pueblo sardinas, ostiones, anguilas, lenguados, cangrejos...
village sardines oysters eels sole crabs

El cobre de Ríotinto lo ha envenenado todo. Y menos
The copper of Riotint it has poisoned all And less

mal, Platero, que con el asco de los ricos, comen los
bad Platero that with the disgust of the rich eat the

pobres la pesca miserable de hoy... Pero el falucho, el
poor the fishing miserable of today But the felucca the

bergantín, el laúd, todos se perdieron.
brig the lute all themselves are lost

¡Qué miseria! ¡Ya el Cristo no ve el aguaje alto en
What misery Already the Christ not sees the spring tide high in

las mareas! Sólo queda, leve hilo de sangre de un
the tides Only stays light thread of blood of a

muerto, mendigo harapiento y seco, la exangüe corriente
dead (one) beggar ragged and dry the bloodless stream

del   río,   color   de   hierro   igual   que   este   ocaso   rojo   sobre
of the river color of iron equal that this sunset red on
                            as

el   que   La   Estrella,   desarmada,   negra   y   podrida,   al
it that The Star disarmed black and rotten at the

cielo   la   quilla   mellada,   recorta   como   una   espina   de
sky the keel nicked cut out like a thorn of

pescado   su   quemada   mole,   en   donde   juegan,   cual   en   mi
fish its burned mass in where play which in my
                            like

pobre   corazón   las   ansias,   los   niños   de   los   carabineros.
poor heart the anxieties the children of the carabine-men
                            police militia

XCVI - La granada
The pomegranate

¡Qué hermosa esta granada, Platero! Me la ha mandado
What/How beautiful this pomegranate Platero Me her has sent

Aguedilla, escogida de lo mejor de su arroyo de las
Aguedilla chosen from the best of her stream of the

Monjas. Ninguna fruta me hace pensar, como ésta, en
Nuns (monastery) No fruit me makes think like this on/of

la frescura del agua que la nutre. Estalla de salud
the freshness of the water that her nurtures (It) explodes of health

fresca y fuerte. ¿Vamos a comérnosla? ¡Platero, qué
cool and strong (We) go to eat it Platero what

grato gusto amargo y seco el de la difícil piel,
pleasurable pleasure bitter and dry that of the difficult skin

dura y agarrada como una raíz a la tierra! Ahora, el
hard and grabbed/dug in like a root to the earth Now the

primer dulzor, aurora hecha breve rubí, de los granos
first sweetness dawn made short ruby of the grains

que se vienen pegados a la piel. Ahora, Platero, el
that themselves come stuck to the skin Now Platero the

núcleo apretado, sano, completo, con sus velos finos, el
core tight healthy complete with its veils fine the

exquisito tesoro de amatistas comestibles, jugosas y
exquisite treasury of amethysts edible juicy and

261

fuertes, como el corazón de no sé qué reina joven.
strong like the heart of not (I) know what queen young

¡Qué llena está, Platero! ¡Ten, come!. ¡Qué rica! ¡Con
How full (it) is Platero Have (it) eat How rich With

qué fruición se pierden los dientes en la abundante
what fruition themselves lose the teeth in the abundant

sazón alegre y roja ! Espera, que no puedo hablar.
season happy and red ! Wait that not (I) can talk
because

Da al gusto una sensación como la del ojo
(It) gives to the pleasure a sensation like it of the eye

perdido en el laberinto de colores inquietos de un
lost in the labyrinth of colors restless of a

calidoscopio. ¡Se acabó!
kaleidoscope Itself finished

Ya yo no tengo granados, Platero. Tú no viste los
Already I not have pomegranates Platero You not saw those

del corralón de la bodega de la calle de las Flores.
of the corral of the (wine) cellar of the street of the Flowers
large yard

Ibamos por las tardes... Por las tapias caídas
(We) went by the afternoons By the walls fallen

se veían los corrales de las casas de la calle
themselves (they) saw the corrals of the houses of the street
were visible yards

del Coral, cada uno con su encanto, y el campo, y
of the Coral each one with its charm and the field and

262

el río.   Se   oía   el   toque   de   las   cornetas   de   los
the river Itself heard the touch of the bugles of the
was heard play

carabineros   y   la   fragua   de   Sierra...   Era   el
carabine-men and the forge of Mountain range (It) was the
police

descubrimiento   de   una   parte   nueva   del   pueblo   que   no
discovery of a part new of the village that not

era   la   mía,   en   su   plena   poesía   diaria.   Caía   el   sol   y
was the mine in its full poetry daily Fell the sun and

los   granados   se   incendiaban   como   ricos   tesoros,
the pomegranates themselves lighted like rich treasures

junto   al   pozo   en   sombra   que   desbarataba   la   higuera
together at the hole in shadow that disrupted the fig tree
next to the well spread

llena   de   salamanquesas...
full of geckos

¡Granada,   fruta   de   Moguer,   gala   de   su   escudo!   ¡Granadas
Pomegranate fruit of Moguer gala of its shield Pomegranates

abiertas   al   sol   grana   del   ocaso!   ¡Granadas   del
open to the sun deep red of the sunset Pomegranates of the

huerto   de   las   Monjas,   de   la   cañada   del   Peral,   de
garden of the Nuns of the glen of the Pear tree of
(monastery)

Sabariego,   en   los   reposados   valles   hondos   con   arroyos
Sabariego in the rested vallies deep with streams

donde   se   queda   el   cielo   rosa,   como   en   mi   pensamiento,
where   itself   stays   the   sky   pink   as   in   my   thought

hasta   bien   entrada   la   noche!
until   well   entered   the   night

XCVII - El cementerio viejo
The old cemetery

Yo   quería,   Platero,   que   tú   entraras   aquí   conmigo;   por   eso
I   wanted   Platero   that   you will enter here   with me   for   that

te   he   metido,   entre   los   burros   del   ladrillero,   sin
you have put   between the   donkeys of the brickmaker   without

que   te   vea   el   enterrador.   Ya   estamos   en   el   silencio...
that you see   the undertaker   Already (we) are in   the silence

Anda...
Go

Mira: este   es   el   patio   de   San   José.   Ese   rincón   umbrío
Look   this   is   the courtyard of San   Joseph That corner   shady

y   verde,   con   la   verja   caída,   es   el   cementerio   de   los
and green   with the gate   fallen   is   the graveyard   of   the

curas...   Este   patinillo   encalado   que   se   funde,   sobre   el
cures   This   little patio whitewashed that itself melts   on   the

poniente,   en   el   sol   vibrante   de   las   tres,   es   el   patio
west   in   the sun   vibrant   of   the   three   is   the courtyard

de   los   niños...   Anda...   El   Almirante...   Doña   Benita...   La
of   the   children   Go   The Admiral   Mrs   Benita   The

zanja   de   los   pobres,   Platero...
ditch   of   the   poor   Platero

¡Cómo   entran   y   salen   los   gorriones   de   los   cipreses   !
How   enter   and (they) exit the sparrows   of   the   cypress trees !

¡Míralos   qué   alegres   !   Esa   abubilla   que   ves   ahí,   en
Look at these what   happy   ! That hoopoe   that (you) see here   in
           how

265

la salvia, tiene el nido en un nicho... Los niños del
the sage has the nest in a niche The children of the

enterrador. Mira con qué gusto se comes su pan con
undertaker Look with what pleasure itself (you) eat his bread with

manteca colorada... Platero, mira esas dos mariposas
fatbutter red Platero look those two butterflies

blancas...
white

El patio nuevo... Espera... ¿Oyes? Los cascabeles...
The courtyard new Wait Hear The bells
Do you hear

Es el coche de las tres, que va por la carretera a
(It) is the coach of the three that goes by the paved road to

la estación.. Esos pinos son los de Molino de viento...
the station Those pine trees are those of Mill of wind

Doña Lutgarda... El capitán... Alfredito Ramos, que traje
Mrs Lutgarda The captain Alfredito Bouquets that dress

yo, en su cajita blanca, de niño, una tarde de
I in her little box white of child one afternoon of

primavera, con mi hermano, con Pepe Sáenz y con
spring with my brother with Pepe Saenz and with

Antonio Rivero... ¡Calla...! El tren de Ríotinto que pasa
Antonio Rivero Silence The train of Riotint that passes

por el puente... Sigue... La pobre Carmen, la tísica,
by the bridge Continue The poor Carmen the consumptive

tan bonita Platero... Mira esa rosa con sol... Aquí está la
so pretty Platero Look that pink with sun Here is the

niña, aquel nardo que no pudo con sus ojos negros.. Y
girl that nut that not could with her eyes black And

aquí, Platero, está mi padre...
here Platero is my father

Platero...
Platero

XCVIII - Lipiani

Lipiani

Échate a un lado, Platero, y deja pasar a los niños
Lie down / at / a / side / Platero / and / let / pass / to / the / children

de la escuela.
of / the / school

Es jueves, como sabes, y han venido al
(It) is / Thursday / as / (you) know / and / (they) have / come / to the

campo. Unos días los lleva Lipiani a lo del padre
field / Some / days / them / carries / Lipiani / to / that / of the / father

Castellano, otros al puente de las Angustias,
Spanish / other (days) / to the / bridge / of / the / Angustias

otros a la Pila. Hoy se conoce que Lipiani está
other (days) / to / the / Pila / Today / itself / knows / that / Lipiani / is
                        (Basin)

de humor, y, como ves, los ha traído hasta la
of / (good) mood / and / as / (you) see / them / has / brought / until / the
                                                                to

Ermita.
Hermitage

Algunas veces he pensado que Lipiani te deshombrara
Some / times / (I) have / thought / that / Lipiani / you / disgraces

—ya sabes lo que es desasnar a un niño, según
already / (you) know / it / that / is / to undo / to / a / child / according to

palabra de nuestro alcalde— , pero me temo que te
word / of / our / mayor / , / but / me / (I) fear / that / you

murieras de hambre. Porque el pobre Lipiani, con el
would die of hunger Because the poor Lipiani with the

pretexto de la hermandad en Dios, y aquello de que
pretext of the brotherhood in God and that of that

los niños se acerquen a mí, que él explica a su
the children themselves come closer to me that he explains at his

modo, hace que cada niño reparta con él su merienda,
manner makes that each child distributes with him his snack

las tardes de campo, que él menudea, y así se
the afternoons of field that he frequents and thus himself

come trece mitades él solo.
(he) eats thirteen halves him alone

¡Mira qué contentos van todos! Los niños, como
Look what content go all The children like
how

corazonazos mal vestidos, rojos y palpitantes, traspasados
hunches badly dressed red and throbbing pierced
hunchbacks

de la ardorosa fuerza de esta alegre y picante tarde
of the burning force of this happy and hot spicy afternoon
by

de octubre. Lipiani, contoneando su mole blanda en el
of October Lipiani wiggling his mass soft in the

ceñido traje canela de cuadros, que fue de Boria,
tight dress cinnamon of paintings that was of Boria

sonriente su gran barba entrecana con la promesa de la
smiling his great beard grizzled with the promise of the

comilona bajo el pino... Se queda el campo vibrando a
spread under the pine tree Itself remains the field vibrating at
picknick

su paso como un metal policromo, igual que la campana
his step like a metal polychrome equal that the bell
as

gorda que ahora, callada ya a sus vísperas, sigue
fat that now quiet already at its eves continues
large the eve

zumbando sobre el pueblo como un gran abejorro verde,
buzzing over the village like a great bumblebee green

en la torre de oro desde donde ella ve la mar.
in the tower of gold from where she sees the sea

XCIX - El castillo

The castle

¡Qué bello está el cielo esta tarde, Platero, con su
What / How · beautiful · is · the · sky · this · afternoon · Platero · with · its

metálica luz de otoño, como una ancha espada de oro
metallic · light · of · autumn · like · a · wide · sword · of · gold

limpio! Me gusta venir por aquí, porque desde esta
clean · Me · (it) pleases · to come · by · here · because · from · this

cuesta en soledad se ve bien el ponerse del sol
slope · in · solitude · oneself · sees · well · the · to put itself setting · of the · sun

y nadie nos estorba, ni nosotros inquietamos a nadie...
and · nobody · us · hinders · nor · us · (we) disturb · to · nobody

Sólo una casa hay, blanca y azul, entre las bodegas
Only · one · house · has there is · white · and · blue · between · the · wineries

y los muros sucios que bordean el jaramago y la
and · the · walls · dirty · that · border · the · wall-rocket plant: diplotaxis · and · the

ortiga, y se diría que nadie vive en ella. Este
nettle · and · itself · (it) would be said · that · nobody · lives · in · her · This

es el nocturno campo de amor de la Colilla y de su
is · the · nocturnal · field · of · love · of · the · Colilla · and · of · her

hija, esas buenas mozas blancas, iguales casi, vestidas
daughter · those · good · wenches · white · equal · almost · dressed

siempre de negro. En esta gavia es donde se murió
always · of · black · In · this · ditch · is · where · himself · died

Pinito y donde estuvo dos días sin que lo viera
Pinito and where (he) was two days without that him saw

nadie. Aquí pusieron los cañones cuando vinieron los
nobody Here (they) put the canons when came the
anyone

artilleros. A don Ignacio, y tú lo has visto,
gunners To don Ignatius and you it (you) have seen

confiado, con su contrabando de aguardiente. Además, los
trusted with his smuggling of schnapps In addition the

toros entran por aquí, de las Angustias, y no hay
bulls enter by here from the Angustias and not has
there is

ni chiquillos siquiera.
neither little kids certainly
not even

... Mira la viña por el arco del puente de la gavia,
... Watch the vineyard by the arch of the bridge of the ditch

roja y decadente, con los hornos de ladrillo y el río
red and decadent with the ovens of brick and the river

violeta al fondo. Mira las marismas, solas. Mira cómo
violet at the bottom Watch the marshes singles Look how
alone

el sol poniente, al manifestarse, grande y grana,
the sun setting at the manifest itself large and deep red

como un dios visible, atrae a él el éxtasis de todo y
as a god visible attracts to him the ecstasy of all and

se hunde, en la raya de mar que está detrás de
itself sinks in the ray of sea that is behind of

Huelva, en el absoluto silencio que le rinde el mundo,
Huelva in the absolute silence that it yields the world

es decir, Moger, su campo, tú y yo, Platero.
(that) is to say Moger its field you and I Platero
Moguer the village

C - La plaza vieja de toros
The square old of bulls (The old bullfighting arena)

Una · vez · más · pasa · por · mí, · Platero, · en · incogible
One · time · more · passes(happens) · through · me · Platero · in · unrecognizable

ráfaga, · la · visión · aquélla · de · la · plaza · vieja · de · toros · que
gust · the · vision · that one · of · the · square(arena) · old · of · bulls · that

se · quemó · una · tarde... · de... · que · se · quemó, · yo · no · sé
itself · burned · one · afternoon · of · what · itself · (it) burned · I · not · know

cuándo...
when

Ni · sé · tampoco · cómo · era · por · dentro... · Guardo · una
Nor · (I) know · neither · how · (it) was · by(on the) · inside · (I) keep · an

idea · de · haber · visto · —¿o · fue · en · una · estampa · de · las
idea · of · to have · seen · or · was (it) · on · a · stamp · of · those

que · venían · en · el · chocolate · que · me · daba · Manolito
that · came · in · the · chocolate · that · me · gave · Manolito

Flórez?— · unos · perros · chatos, · pequeños · y · grises, · como
Florez · some · dogs · flat(pug-nosed) · small · and · gray · like

de · maciza · goma, · echado · al · aire · por · un · toro · negro...
of · solid · rubber · thrown · at the(in the) · air · for · a · bull · black

Y · una · redonda · soledad · absoluta, · con · una · alta · yerba · muy
And · a · round · solitude · absolute · with · a · high · herb(grass) · very

274

verde... Sólo sé cómo era por fuera, digo, por
green Only (i) know how (it) was for outside (I) say for
on the

encima, es decir, lo que no era plaza... Pero no
on top (that) is to say it that not was square But not
arena

había gente... Yo daba, corriendo, la vuelta por las
had people I gave running the turn by the
there were

gradas de pino, con la ilusión de estar en una plaza
steps of pine tree with the illusion of to be in a square
arena

de toros buena y verdadera, como las de aquellas
of bulls good and true like those of those

estampas, más alto cada vez; y, en el anochecer de
prints more high each time and in the falling of the night of

agua que se venía encima, se me entró, para siempre,
water that itself came on top itself me entered for always

en el alma, un paisaje lejano de un rico verdor negro,
in the soul a landscape distant from a rich greenery black
far away

a la sombra, digo, al frío del nubarrón, con el
at the shadow (I) say at the cold of the cloud with the

horizonte de pinares recortado sobre una sola y leve
horizon of pine groves reduced over a single and light

claridad corrida y blanca, allá sobre el mar...
clarity running and white there on the sea

Nada más... ¿Qué tiempo estuve allí? ¿Quién me sacó?
Nothing more What time was (I) there Who me took out

¿Cuándo fue? No lo sé, ni nadie me lo ha dicho,
When was (it) Not it (I) know nor nobody me it has said

Platero... Pero todos me responden, cuando les hablo de
Platero But all me answer when them (I) speak of

ello:
it

—Sí; la plaza del Castillo, que se quemó... Entonces sí
Yes the square of the Castle that itself burned Then yes
　　　　arena

que venían toreros a Moguer...
that (they) came bullfighters to Moguer

CI - El eco

Echo

El	paraje	es	tan	solo,	que	parece	que	siempre	hay
The	place	is	so	alone	that	(it) seems	that	always	has there is

alguien	por	él.	De	vuelta	de	los	montes,	los	cazadores
someone	by in	it	Of In return	turn	from	the	mountains	the	hunters

alargan	por	aquí	el	paso	y	se	suben	por	los
lengthen	for	here	the	step	and	themselves	rise	by	the

vallados	para	ver	más	lejos.	Se	dice	que,	en	sus
fences	for	to see	more	far	Itself	says	that	in	his

correrías	por	este	término,	hacía	noche	aquí	Parrales,	el
runningsraids	by	this	end	made	night	here	Parrales	the

bandido...	La	roca	roja	está	contra	el	naciente	y,	arriba,
bandit	The	rock	red	is	against	the	nascent	and	up

alguna	cabra	desviada,	se	recorta,	a	veces,	contra	la
some	goat	detoured lost	himself	cuts out	at	times	against	the

luna	amarilla	del	anochecer.	En	la	pradera,	una
moon	yellow	of the	falling of the night	In	the	meadow	a

charca	que	solamente	seca	agosto,	coge	pedazos	de	cielo
pond	that	only	dries	(in) August	grabs	pieces	of	sky

amarillo,	verde,	rosa,	ciega	casi	por	las	piedras	que
yellow	green	pink	blind	almost	by	the	stones	that

desde lo alto tiran los chiquillos a las ranas, o por
from the height throw the little kids to the frogs or for

levantar el agua en un remolino estrepitoso.
to pick up the water in a swirl loud

...He parado a Platero en la vuelta del camino, junto
(I) have stopped to Platero in the turn of the road together

al algarrobo que cierra la entrada del prado, negro
at the carob tree that closes the entrance of the meadow black

todo de sus alfanjes secos; y aumentado mi boca con
all of its cutlasses dry and increased my mouth with

mis manos, he gritado contra la roca: ¡Platero!
my hands (I) have shouted out against the rock platero

La roca, con respuesta seca, endulzada un poco por el
The rock with response dry sweetened a little for the

contagio del agua próxima, ha dicho: ¡Platero!
contagion of the water next has said Platero
close

Platero ha vuelto, rápido, la cabeza, irguiéndola y
Platero has returned fast the head straightening it and

fortaleciéndola, y con un impulso de arrancar, se ha
strengthening it and with an impulse of to pull itself has

estremecido todo.
shaken all

¡Platero! —he gritado de nuevo a la roca.
Platero (I) have shouted out of new at the rock
again

La roca de nuevo ha dicho: ¡Platero!
The rock of new has said Platero
       again

Platero me ha mirado, ha mirado a la roca y,
Platero me has looked at has looked at the rock and

remangado el labio, ha puesto un interminable rebuzno
rolled up the lip has set an unending bray

contra el cenit.
against the zenith

La roca ha rebuznado larga y oscuramente con él en
The rock has brayed long and darkly with him in

un rebuzno paralelo al suyo, con el fin más largo.
a bray parallel at that (of) his with the end more long

Platero ha vuelto a rebuznar.
Platero has returned to bray

La roca ha vuelto a rebuznar.
The rock has returned to bray

Entonces, Platero, en un rudo alboroto testarudo, se
Then Platero in a rude rampage strong headed himself

ha cerrado como un día malo, ha empezado a dar
has closed as a day bad has begun to to give
   kept silent

vueltas con el testuz o en el suelo, queriendo romper
turns with the forehead or in the ground wanting to break

la cabezada, huir, dejarme solo, hasta que me lo he
the nod to flee let me alone until that me it (I) have
   headstall

ido trayendo con palabras bajas, y poco a poco su
gone bringing with words low and little to little his
by

rebuzno se ha ido quedando sólo en su rebuzno, entre
bray itself has gone remaining only in his bray between

las chumberas.
the prickly pears

CII - Susto

Fright

Era   la   comida   de   los   niños.   Soñaba   la   lámpara   su
(It) was   the   food   of   the   children   Dreamed   the   lamp   its

rosada   lumbre   tibia   sobre   el   mantel   de   nieve,   y   los
rosy   light   warm   over   the   tablecloth   of   snow   and   the

geranios   rojos   y   las   pintadas   manzanas   coloreaban   de
geraniums   red   and   the   painted   apples   colored   of
                                                                    with

una   áspera   alegría   fuerte   aquel   sencillo   idilio   de   caras
a   rough   joy   strong   that   simple   idyll   of   faces

inocentes.   Las   niñas   comían   como   mujeres;   los   niños
innocent   The   girls   ate   like   women   the   boys

discutían   como   algunos   hombres.   Al   fondo,   dando   el
argued   like   some   men   At the   bottom   giving   the

pecho   blanco   al   pequeñuelo,   la   madre,   joven,   rubia   y
breast   white   at the   little boy   the   mother   young   blonde   and

bella,   los   miraba   sonriendo.   Por   la   ventana   del
beautiful   them   watched   smiling   Through   the   window   of the

jardín,   la   clara   noche   de   estrellas   temblaba,   dura   y   fría.
garden   the   clear   night   of   stars   trembled   hard   and   cold

De   pronto,   Blanca   huyó,   como   un   débil   rayo,   a   los   brazos
Of   soon   Blanca   fled   like   a   weak   ray   to   the   arms
      Suddenly (White)

de   la   madre.   Hubo   un   súbito   silencio,   y   luego,   en   un
of   the   mother   Had   a   sudden   silence   and   after   in   a
                      There was

281

estrépito de sillas caídas, todos corrieron tras de ella, con
racket   of chairs fallen   all   ran   after of her with

un raudo alborotar, mirando espantados a la ventana.
a quick disturb   looking frightened at the window

¡El tonto de Platero! Puesta en el cristal su cabezota
The fool of Platero! Setting in the crystal his large head
                                   (window) pane

blanca, agigantada por la sombra, los cristales y miedo,
white made gigantic by the shadow the crystals and fear
                                       panes

contemplaba, quieto y triste, el dulce comedor
contemplated still and sad the sweet dinning room

encendido.
lit

CIII - La fuente vieja
The old fountain

Blanca siempre sobre el pinar siempre verde; rosa o
Blanca always on the pinewood always green pink or
(White)

azul, siendo blanca, en la aurora; de oro o malva en la
blue being white in the dawn of gold or mauve in the

tarde, siendo blanca; verde o celeste, siendo blanca, en
afternoon being white green or sky blue being white in

la noche; la fuente vieja, Platero, donde tantas veces me
the night the fountain old Platero, where so many times me

has visto parado tanto tiempo, encierra en sí, como
(you) have seen stopped so much time (it) encloses in yes like

una clave o una tumba, toda la elegía del mundo,
a key or a tomb, all the elegy of the world

es decir, el sentimiento de la vida verdadera.
(that) is to say the sadness of the life true

En ella he visto el Partenón, las Pirámides, las
In her (I) have seen the Parthenon, the Pyramids, the

catedrales todas. Cada vez que una fuente, un mausoleo,
cathedrals all Each time that a fountain, a mausoleum,

un pórtico me desvelaron con la insistente permanencia
a portal me (they) unveiled with the insistent permanence

283

de su belleza, alternaba en mi duermevela su imagen con
of its beauty alternated in my sleep-wake its image with
            exchanged   half sleep

la imagen de la Fuente vieja.
the image of the Fountain old

De ella fui a todo. De todo torné a ella. De tal
From her (I) went to all From all (I) turned to her Of such
                                                          In

manera está en su sitio, tal armoniosa sencillez la
manner (she) is in her site such harmonious simplicity she

eterniza, el color y la luz son suyos tan por eterno,
eternalizes the color and the light are hers so for eternally

que casi se podría coger de ella en la mano,
that almost oneself (one) could take from her in the hand

como su agua, el caudal completo de la vida. La pintó
like her water the wealth complete of the life Her painted

Böcklin sobre Grecia; Fray Luis la tradujo; Beethoven la
Böcklin over Greece Fray Luis her translated Beethoven her

inundó de alegre llanto; Miguel Angel se la dio a
flooded of happy weeping Michael Angelo himself her gave to
      with

Rodin.
Rodin

Es   la   cuna   y   es   la   boda;   es   la   canción   y
(She) is the cradle and (she) is the wedding (she) is the song and

es   el   soneto;   es   la   realidad   y   es   la   alegría;
(she) is the sonnet (she) is the reality and (she) is the joy

es   la   muerte.
(she) is the death

Muerta   está   ahí,   Platero,   esta   noche,   como   una   carne   de
Dead is here Platero this night like a flesh of

mármol   entre   el   oscuro   y   blando   verdor   rumoroso;
marble between the dark and soft greenery noisy

muerta,   manando   de   mi   alma   el   agua   de   mi   eternidad.
death flowing from my soul the water of my eternity

CIV - Camino
Road

¡Qué	de	hojas	han	caído	la	noche	pasada,	Platero!
What	of	leaves	have	fallen	the	night	past	Platero
How many								

Parece	que	los	árboles	han	dado	una	vuelta	y	tienen
(It) seems	that	the	trees	have	given	a	turn	and	have

la	copa	en	el	suelo	y	en	el	cielo	las	raíces,	en	un
the	cup	on	the	ground	and	in	the	sky	the	roots	in	a
	tree top											

anhelo	de	sembrarse	en	él.	Mira	ese	chopo:	parece
longing	of	to sow themselves	in	it	Look at	that	poplar	(it) seems

Lucía,	la	muchacha	titiritera	del	circo,	cuando,	derramada
Lucy	the	girl	puppeteer	of the	circus	when	spilled

la	cabellera	de	fuego	en	la	alfombra,	levanta,	unidas,	sus
the	hair	of	fire	in	the	carpet	rises	united	her

finas	piernas	bellas,	que	alarga	la	malla	gris.
fine	legs	beautiful	that	lengthen	the	mesh	gray

Ahora,	Platero,	desde	la	desnudez	de	la	ramas,	los
Now	Platero	from	the	nakedness	of	the	branches	the

pájaros	nos	verán	entre	las	hojas	de	oro,	como	nosotros
birds	us	will see	between	the	leaves	of	gold	like	us

los	veíamos	a	ellos	entre	las	hojas	verdes,	en	la
them	(we) saw	to	them	between	the	leaves	green	in	the

primavera.	La	canción	suave	que	antes	cantaron	las	hojas
spring	The	song	soft	that	before	(they) sang	the	leaves

arriba, ¡en qué seca oración arrastrada se ha tornado
up in what dry prayer dragged out itself has turned

abajo!
down

¿Ves el campo, Platero, todo lleno de hojas secas?
(You) see the field Platero all full of leaves dry

Cuando volvamos por aquí, el domingo que viene, no
When (we) return by here the Sunday that comes not

verás una sola. No sé dónde se mueren.
(you) will see one single (leaf) Not (I) know where themselves (they) die

Los pájaros, en su amor de la primavera, han debido
The birds in their love of the spring have had to

decirles el secreto de ese morir bello y oculto, que
tell them the secret of that to die beautiful and hidden that
dying

no tendremos tú ni yo, Platero...
not (we) will have you nor I Platero

CV - Piñones

Pine seeds

Ahí viene, por el sol de la calle Nueva, la chiquilla
Here comes through the sun of the street New the little girl

de los piñones. Los trae crudos y tostados. Voy a
of the pine seeds Them (she) brings raw and toasted (I) go to

comprarle, para ti y para mí, una perra gorda de
buy them of her for you and for me a female dog fat of

piñones tostados, Platero.
pine seeds toasted Platero

Noviembre superpone invierno y verano en días dorados
November overlaps winter and summer in days golden

y azules. Pica el sol, y las venas se hinchan
and blue Picks the sun and the veins themselves swell
Stings

como sanguijuelas, redondas y azules... Por las blancas
like leeches round and blue Through the white

calles tranquilas y limpias pasa el liencero de La
streets quiet and clean passes the liner of The

Mancha con su fardo gris al hombro; quincallero de
Mancha with his bale gray at the shoulder hardware store of

Lucena, todo cargado de luz amarilla, sonando su tintan
Lucena all loaded of light yellow sounding his ink

que recoge en cada sonido el sol... Y, lenta, pegada a
that picks up in each sound the sun And slow stuck to

la pared, pintado con cisco, en larga raya, la cal,
the wall painted with coaldust in long ray the lime

288

doblada — con — su — espuerta, — la — niña — de — la — Arena, — que
doubled (over) — with — her — basket — the — girl — of — the — Sand — that

pregona — larga — y — sentidamente: — ¡A — loj — tojtaiiitoooj
proclaims — long — and — regretfully — To — the (los) — toasted (tostados)

piñoneee...!
pine seeds (piñones)

Los — novios — los — comen — juntos — en — las — puertas, — trocando,
The — fiancees — them — eat — together — in — the — doors — exchanging

entre — sonrisas — de — llama, — meollos — escogidos. — Los — niños
between — smiles — of — flame — kernels — chosen — The — children

que — van — al — colegio, — van — partiéndolos — en — los — umbrales
that — go — to the — college — go — splitting them — in — the — thresholds

con — una — piedra... — Me — acuerdo — que, — siendo — yo — niño,
with — a — stone — Me — (I) remember — that — being — I — child

íbamos — al — naranjal — de — Mariano, — en — los — Arroyos, — las
(we) went — to the — orange grove — of — Mariano — in — the — Streams — the

tardes — de — invierno. — Llevábamos — un — pañuelo — de — piñones
afternoons — of — winter — (We) carried — a — handkerchief — of — pine seeds

tostados, — y — toda — mi — ilusión — era — llevar — la — navaja — con — que
toasted — and — all — my — illusion — was — to take — the — knife — with — that

los — partíamos, — una — navaja — de — cabo — de — nácar, — labrada — en
them — (we) part — a — knife — of — end — of — nacre — carved — in

forma — de — pez, — con — dos — ojitos — correspondidos — de — rubí,
form — of — fish — with — two — little eyes — corresponding — of — ruby

al — través — de — los — cuales — se — veía — la — Torre — Eiffel..
at the — through — of — the — which — oneself — saw — the — Tower — Eiffel

289

¡Qué gusto tan bueno dejan en la boca los piñones
What pleasure so good (they) leave in the mouth the pine seeds

tostados, Platero! ¡Dan un brío, un optimismo! Se
toasted Platero (The) give a verve an optimism Oneself

siente uno con ellos seguro en el sol de la estación
feels one with them sure in the sun of the season

fría, como hecho ya monumento inmortal, y se
cold like made already monument immortal and oneself

anda con ruido, y se lleva sin peso la ropa de
goes with noise and oneself carries without weight the clothing of

invierno, y hasta echaría uno un pulso con León,
winter and until (one) would throw one a pulse with Leon
one would arm wrestle

Platero, o con el Manquito, el mozo de los coches...
Platero or with the Manquito the boy of the cars

CVI - El toro huído
The bull fled (The escaped bull)

Cuando	llego	yo,	con	Platero,	al	naranjal,	todavía	la
When	arrive	I	with	Platero	at the	orange grove	still	the

sombra	está	en	la	cañada,	blanca	de	la	uña	de	león
shadow	is	in	the	glen	white	of	the	nail	of	lion

con	escarcha.	El	sol	aún	no	da	oro	al	cielo	incoloro
with	frost	The	sun	still	not	gives	gold	to the	sky	colorless

y	fúlgido,	sobre	el	que	la	colina	de	chaparros	dibuja
and	bright	over	it	that	the	hill	of	kermes oak scrubland	draw

sus	más	finas	aulagas...	De	vez	en	cuando,	un	blando
its	most	fine	gorse thorns	From	time	in to	when time	a	soft

rumor,	ancho	y	prolongado,	me	hace	alzar	los	ojos.
sound	wide	and	prolonged	me	makes	raise	the	eyes

Son	los	estorninos	que	vuelven	a	los	olivares,	en
(They) are	the	starlings	that	return	to	the	olive groves	in

largos	bandos,	cambiando	en	evoluciones	ideales...
large	bands	changing	in	evolutions unfoldings	ideal

Toco	las	palmas...	El	eco...	¡Manuel!...	Nadie...	De	pronto,
(I) play (I) clap	the	palms hands	The	echo	Manuel	Nobody	Of	soon Suddenly

en	rápido	rumor	grande	y	redondo...	El	corazón	late
in	fast	sound	great	and	round	The	heart	beats

con un presentimiento de todo su tamaño. Me escondo,
with a presentiment of all its size Me (I) hide

con Platero, en la higuera vieja...
with Platero in the fig tree old

Sí, ahí, va. Un toro colorado pasa, dueño de la mañana,
Yes here goes A bull colored passes owner of the morning

olfateando, mugiendo, destrozando por capricho lo que
sniffing mooing shattering by caprice it that
whim whatever

encuentra. Se para un momento en la colina y llena
(it) encounters Itself stops a moment on the hill and fills

el valle, hasta el cielo, de un lamento corto y
the valley until the sky of a lament short and
with

terrible. Los estorninos, sin miedo, siguen pasando con
terrible The starlings without fear follow passing with

un rumor que el latido de mi corazón ahoga, sobre el
a sound that the beat of my heart drowns on the

cielo rosa.
sky pink

En una polvareda, que el sol que asoma ya, toca de
In a (whirl of) dust that the sun that peeks out already plays of
with

cobre, el toro baja, entre las pitas, al pozo.
copper the bull descends between the agaves at the ˙ hole
well

Bebe un momento, y luego, soberbio, campeador,
(He) drinks a moment and then proud champion

mayor que el campo, se va, cuesta arriba, los
greater that the field himself goes slope up the
than

cuernos colgados de despojos de vid, hacia el monte,
horns hung of remains of vine towards the mountain
with

y se pierde, al fin, entre los ojos ávidos y la
and himself looses at the end between the eyes greedy and the

deslumbrante aurora, ya de oro puro.
dazzling dawn already of gold pure

CVII - Idilio de noviembre
Idyll of November

Cuando, anochecido, vuelve Platero del campo con
When night fallen at dusk (he) returns Platero from the field with

su blanda carga de ramas de pino para el horno,
his soft load of branches of pine tree for the oven

casi desaparece bajo la amplia verdura rendida. Su paso
almost disappears under the wide green rendered His step

es menudo, unido, como el de la señorita del circo en
is small connected like it of the young lady of the circus on

el alambre, fino, juguetón... Parece que no anda. En
the wire (tightrope) fine playful (It) seems that not (he) goes In

punta las orejas, se diría un caracol debajo de
point the ears itself would be said a snail underneath of

su casa.
his house

Las ramas verdes, ramas que, erguidas, tuvieron en ellas
The branches green branches that upright had in them

el sol, los chamarices, el viento, la luna, los cuervos
the sun the titmice the wind the moon the crows

—¡qué horror! ¡ahí han estado, Platero!— , se
what horror there (they) have been Platero , themselves

caen, pobres, hasta el polvo blanco de las sendas secas
fall poor until the dust white of the footpaths dry

del crepúsculo.
of the dusk

Una   fría   dulzura   malva   lo   nimba   todo.   Y   en   el
A   cold   sweetness   mauve   it   haloes / gives a halo to   all   And   in   the

campo,   que   va   ya   a   diciembre,   la   tierna   humildad
field   that   goes   already   to   December   the   tender   humility

del   burro   cargado   empieza,   como   el   año   pasado,   a
of the   donkey   loaded   starts   as   the   year   passed   to

parecer   divina...
seem   divine

CVIII - La yegua blanca

The white mare

Vengo triste, Platero... Mira; pasando por la calle de
(I) come sad Platero Look passing throught the street of

las Flores, ya en la Portada, en el mismo sitio en
the Flowers already in the Portal in the same site in

que el rayo mató a los dos niños gemelos, estaba
that the ray killed to the two children twins was
lightning

muerta la yegua blanca del Sordo. Unas chiquillas casi
dead the mare white of the Muted Some little girls almost

desnudas la rodeaban silenciosas.
naked her surrounded silent

Purita, la costurera, que pasaba, me ha dicho que el
Purita the seamstress that passed me has said that the

Sordo llevó esta mañana la yegua al moridero, harto
Muted took this morning the mare to the boneyard fed up

ya de darle de comer. Ya sabes que la
already of to give her of to eat Already (you) know that the

pobre tan vieja como don Julián y tan torpe. No
poor (one) (is) so old as don Julian and so bungling Not

veía, ni oía, y apenas podía andar... A eso del
(she) saw nor heard and hardly could walk At that of the
At approximately the

mediodía la yegua estaba otra vez en el portal de
midday the mare was (an)other time in the house portal of

su amo. él, irritado, cogió un rodrigón y la quería
his master He irritated grabbed a stick and her wanted

296

echar a palos. No se iba. Entonces le pinchó
throw at sticks Not herself (she) went Then her (he) stuck
beat away with a stick

con la hoz. Acudió la gente y, entre maldiciones y
with the sickle Came the people and between curses and

bromas, la yegua salió, calle arriba, cojeando,
jokes the mare came out street up limping

tropezándose. Los chiquillos la seguían con piedras y
stumbling The little kids her followed with stones and

gritos... Al fin, cayó al suelo y allí la
shouts At the end (she) fell at the ground and there her

remataron. Algún sentimiento compasivo revoló sobre
(they) finished off Some sadness compassionate scrambled on

ella. —¡Dejadla morir en paz!—, como si tú o yo
her Leave her to die in peace as if you or I

hubiésemos estado allí, Platero, pero fue como una
would have been there Platero but (it) was like a

mariposa en el centro de un vendaval.
butterfly in the center of a gale

Todavía, cuando la he visto, las piedras yacían a su
Still when her (I) have seen the stones laid at her

lado, fría ya ella como ellas. Tenía un ojo abierto
side cold already her like them (She) had one eye opened

del todo que, ciego en su vida, ahora que estaba
of the all that blind in her life now that (she) was

muerta parecía como si mirara. Su blancura era lo que
dead seemed like if (it) will look Her whiteness was it that

297

iba   quedando   de luz en la calle   oscura, sobre   la que
went   remaining   of light   in the street dark   on it that

el cielo   del   anochecer,   muy alto   con el frío,   se
the sky of the falling of the night   very   high   with   the cold   itself

aborregaba todo   de levísimas   nubecillas de rosa...
abhorred   all of very slight little clouds of pink
                    with

CIX - Cencerrada
Cowbell (feast)

Verdaderamente, Platero, que estaba bien. Doña Camila
Truly   Platero   that   was   well   Mrs   Camila

iba vestida de blanco y rosa, dando lección, con el
went dressed of white and pink giving instruction with the
        in

cartel y el puntero, a un cochinito. El, Satanás, tenía
poster and the pointer to a little pig Him Satanas had

un pellejo vacío de mosto en una mano y con la otra
a skin empty of wort in one hand and with the other

le sacaba a ella de la faltriquera una bolsa de dinero.
him took out to her of the pouch a bag of money

Creo que hicieron las figuras Pepe el Pollo y
(i) believe that did the figures Pepe the Chicken and

Concha la Mandadera que se llevó no sé qué ropas
Concha the Errand girl that itself took not (I) know what clothes
(Shell)

viejas de mi casa. Delante iba Pepito el Retratado,
old from my house In front went Pepito the Portrayed

vestido de cura, en un burro negro, con un pendón.
dress of priest in a donkey black with a banner

Detrás, todos los chiquillos de la calle de Enmedio, de
Behind all the little kids of the street of Enmedio of
                                    (in-middle)

la calle de la Fuente, de la Carretería, de la plazoleta
the street of the Fountain of the Highway of the small square

de los Escribanos, del callejón de tío Pedro Tello,
of the Escribanos of the alley of uncle Pedro Tello
scribes

tocando latas, cencerros, peroles, almireces, gangarros,
touching cans cowbells coppers pestles gangarros

calderos, en rítmica armonía, en la luna llena de las
cauldrons in rhythmic harmony in the moon full of the

calles.
streets

Ya sabes que doña Camila es tres veces viuda y
Already (you) know that mrs Camila is three times widow and

que tiene sesenta años, y que Satanás, viudo también,
that has sixty years and that Satanas widower also

aunque una sola vez, ha tenido tiempo de consumir el
although a single time has had time of to consume the

mosto de setenta vendimias. ¡Habrá que oírlo esta
wort of seventy vintages Would it have that to hear him this

noche detrás de los cristales de la casa cerrada, viendo
night behind of the crystals of the house closed seeing
panes

y oyendo su historia y la de su nueva esposa, en
and hearing his story and that of his new wife in

efigie y en romance!
effigy and in romance

300

Tres días, Platero, durará la cencerrada. Luego, cada
Three days Platero will last the cowbell (feast) After each

vecina se irá llevando del altar de la plazoleta,
neighbor itself will go taking from the altar of the small square

ante el que, alumbradas las imágenes, bailan los
before the that illuminated the images dance the

borrachos, lo que es suyo. Luego seguirá unas noches
drunk it that is (of) his After will continue some nights

más el ruido de los chiquillos. Al fin, sólo quedarán la
more the noise of the little kids At the end only will remain the

luna llena y el romance.
moon full and the romance

CX - Los gitanos
The gypsies

Mírala,   Platero.   Ahí   viene,   calle   abajo,   en   el   sol   de
Look at her   Platero   Here   comes   street   down   in   the   sun   of

cobre,   derecha,   enhiesta,   a   cuerpo,   sin   mirar   a
copper   right   upright   to   body   without   to watch   to

nadie...   ¡Qué   bien   lleva   su   pasado   belleza,   gallarda
nobody   What / How   well   (she) carries   her   passed / old   beauty   gallant

todavía,   como   en   roble,   el   pañuelo   amarillo   de   talle,   en
still   like   in   oak   the   handkerchief   yellow   of   size   in

invierno,   y   la   falda   azul   de   volantes,   lunareada   de
winter   and   the   fold   blue   of   flounces   lunared / moonlit   of

blanco!   Va   al   Cabildo,   a   pedir   permiso   para
white   (She) goes   to the   Church chapter   to   ask   permission   for

acampar,   como   siempre,   tras   el   cementerio.   Ya
to camp   as   always   behind   the   graveyard   Already

recuerdas   los   tenduchos   astrosos   de   los   gitanos,   con   sus
remember   the   tents   shabby   of   the   gypsies   with   their

hogueras,   sus   mujeres   vistosas,   y   sus   burros   moribundos,
bonfires   their   women   showy   and   their   donkeys   dying

mordisqueando   la   muerte,   en   derredor.
nibbling   the   death   in   around

¡Los burros, Platero! ¡Ya estarán temblando los burros
The donkeys Platero already will be trembling the donkeys

de la Friseta, sintiendo a los gitanos desde los corrales
of the Friseta sensing to the gypsies from the corrals yards

bajos! —Yo estoy tranquilo por Platero, porque para llegar
low I am calm for Platero because for to arrive

a su cuerda tendrían los gitanos que saltar medio
at his cord would have the gypsies that to jump half
(cuadra: stable) than

pueblo y, además, porque Rangel, el guarda, me
(the) village and in addition because Rangel the guard me

quiere y lo quiere a él—. Pero, por amedrentarlo en
wants and it wants to him But for to intimidate him in
likes likes

broma, le digo, ahuecando y poniendo negra la voz.
joke him (I) say cupping and putting black the voice
making

—¡Adentro, Platero, adentro! ¡Voy a cerrar la cancela,
Indoors Platero inside Go to close the cancel lattice gate

que te van a llevar!
that you (they) go to take

Platero, seguro de que no lo robarán los gitanos, pasa,
Platero sure of that not him will steal the gypsies passes

trotando, la cancela, que se cierra tras él con duro
jogging the cancel that itself closes behind him with hard
lattice gate

303

estrépito   de   hierro   y   cristales,   y   salta   y   brinca,
racket   of   iron   and crystals   and jumps   and jumps
                                panes ·

del   patio   de   mármol   al   de   las   flores   y   de
from the   courtyard   of   marble   to that of   the   flowers   and   from

éste   al   corral,   como   una   flecha,   rompiendo
this (one)   to the   corral   like   an   arrow   breaking
                       yard

—¡brutote!—   ,   en   su   corta   fuga,   la   enredadera   azul.
sprout   ,   in   his   short   flight   the   climbing plant   blue

CXI - La llama

The flame

Acércate   más,   Platero.   Ven...   Aquí   no   hay   que   guardar
Come closer   more   Platero   Look   Here   not   has   than   to guard
   there is   to look at

etiquetas.   El   casero   se   siente   feliz   a   tu   lado,
labels   The   housekeeper   himself   feels   happy .   at   your   side
   caretaker

porque   es   de   los   tuyos.   Alí,   su   perro,   ya   sabes
because   (he) is   of   the   yours   There   his   dog   already   (you) know

que   te   quiere.   Y   yo   ¡no   te   digo   nada,   Platero!...   ¡Qué
that   you   likes   And   I   not   you   say   nothing   Platero   What
   How

frío   hará   en   el   naranjal!   Ya   oyes   a   Raposo:
cold   will make   in   the   orange grove   Already   (you) hear   ~~to~~   Raposo
   will it be

¡Dioj   quiá   que   no   je   queme   nesta   noche   muchaj
God   wants   that   not   itself   burns   in this   night   much
(Dios)   (quisa)   (se)   (en este)   (many)

naranja!
orange (tree)

¿No   te   gusta   el   fuego,   Platero?   No   creo   que   mujer
Not   you   pleases   the   fire   Platero   Not   (I) believe   that   wife

desnuda   alguna   pueda   poner   su   cuerpo   con   la   llamarada.
undressed   some   can   put   her   body   with   the   flare

¿Qué   cabellera   suelta,   qué   brazos,   qué   piernas   resistirían
What   hair   loose   what   arms   what   legs   would resist

la   comparación   con   estas   desnudeces   ígneas?   Tal   vez   no
the   comparison   with   these   nudities   igneous   Such   time   not
   Maybe

tenga	la	naturaleza	muestra	mejor	que	el	fuego.	La
(she) has	the	nature	show	better	that than	the	fire	The

casa	está	cerrada	y	la	noche	fuera	y	sola;	y,	sin
house	is	closed	and	the	night	outside	and	single	and	without

embargo,	¡cuánto	más	cerca	que	el	campo	mismo
hinder doubt	how much	more	close	that than	the	field	same

estamos,	Platero,	de	la	naturaleza,	en	esta	ventana	abierta
(we) are	Platero	of	the	nature	in	this	window	open

al	antro	plutónico!	El	fuego	es	el	universo	dentro	de
at the	joint	plutonic	The	fire	is	the	universe	inside	of

casa.	Colorado	e	interminable,	como	la	sangre	de
(the) house	Colored	and	unending	like	the	blood	of

una	herida	del	cuerpo,	nos	calienta	y	nos	da	hierro,
a	wound	of the	body	us	heats up	and	us	gives	iron

con	todas	las	memorias	de	la	sangre.
with	all	the	memories	of	the	blood

¡Platero,	qué	hermoso	es	el	fuego!	Mira	cómo	Alí,	casi
Platero	what how	beautiful	is	the	fire	Look	how	Ali	almost

quemándose	en	él,	lo	contempla	con	sus	vivos	ojos
burning up	in	him it	it	contemplates	with	her	lively	eyes

abiertos.	¡Qué	alegría!	Estamos	envueltos	en	danzas	de
open	What	joy	(We) are	wrapped up	in	dances	of

oro	y	danzas	de	sombras.	La	casa	toda	baila,	y	se
gold	and	dances	of	shadows	The	house	all	dances	and	itself

achica	y	se	agiganta	en	fuego	fácil,	como	los
shrinks	and	itself	becomes gigantic	in	fire	easy	like	the

rusos.	Todas	las	formas	surgen	de	él,	en	infinito
russians	All	the	forms	arise	from	him	in	infinite
						it		

encanto:	ramas	y	pájaros,	el	león	y	el	agua,	el
charm	branches	and	birds	the	lion	and	the	water	the

monte	y	la	rosa.	Mira;	nosotros	mismos,	sin
mountain	and	the	rose	Look	us	same	without

quererlo,	bailamos	en	la	pared,	en	el	suelo,	en	el
to want it	(we) dance	on	the	wall	on	the	ground	on	the

techo.
roof
ceiling

¡Qué	locura,	qué	embriaguez,	qué	gloria!	El	mismo	amor
What	madness	what	drunkenness	what	glory	The	same	love
							Even	

parece	muerte	aquí,	Platero.
seems	death	here	Platero

CXII - Convalecencia
Convalescence

Desde   la   débil   iluminación   amarilla   de   mi   cuarto   de
From   the   weak   illumination   yellow   of   my   room   of

convaleciente,   blando   de   alfombras   y   tapices,   oigo
convalescent   soft   of / with   rugs   and   tapestries   (I) hear

pasar   por   la   calle   nocturna,   como   en   un   sueño   con
pass   through   the   street   nocturnal   like   in   a   sleep   with

relente   de   estrellas,   ligeros   burros   que   retornan   del
night dew   of   stars   light   donkeys   that   return   from the

campo,   niños   que   juegan   y   gritan.
field   children   that / who   play   and   shout

Se   adivinan   cabezotas   oscuras   de   asnos,   y   cabecitas
Themselves   guess / think   big heads   dark   of   donkeys   and   little heads

finas   de   niños   que,   entre   los   rebuznos,   cantan,   con
fine   of   children   that   between   the   braying   (they) sing   with

cristal   y   plata,   coplas   de   Navidad.   El   pueblo   se   siente
crystal   and   silver   verses   of   Christmas   The   village   itself   feels

envuelto   en   una   humareda   de   castañas   tostadas,   en   un
enveloped   in   a   smoke   of   chestnuts   toasted   in   a

vaho   de   establos,   en   un   aliento   de   hogares   en   paz...
mist   of   stables   in   a   breath   of   homes   in   peace

Y mi alma se derrama, purificadora, con si un raudal
And my soul itself spills purifying with itself a torrent

de aguas celestes le surtiera de la peña en sombra
of waters celestial it would supply of the pain in shadow

del corazón. ¡Anochecer de redenciones! ¡Hora íntima,
of the heart To become night of redemptions Hour intimate

fría y tibia a un tiempo, llena de claridades
cold and warm at one time full of highlights
the same

infinitas!
infinite

Las campanas, allá arriba, allá fuera, repican entre las
The bells there up there outside chime between the

estrellas. Contagiado, Platero rebuzna en su cuerda, que,
stars Infected Platero braying on his cord that

en este instante de cielo cercano, parece que está muy
in this instant of sky nearby seems that is very

lejos... Yo lloro, débil, conmovido y solo, igual que
far I cry weak touched and alone equal that
as

Fausto...
Faust

CXIII - El burro viejo

The old donkey

...En   fin,   anda   tan   cansado
In   (the) end   (he) goes   so   tired

que   a   cada   paso   se   pierde...
that at each   step itself looses

(El   potro   rucio   del   Alcayde   de   los   Vélez.)
The   foal   gray   of the Alcayde   of   the   Velez

Romancero   General
Romance   General

No   sé   cómo   irme   de   aquí,   Platero,   ¿Quién   lo
Not   (I) know   how   to go myself   from   here   Platero   Who   it

deja   ahí   al   pobre,   sin   guía   y   sin   amparo?
leaves here to the poor (one) without guide and without protection

Ha   debido   salirse   del   moridero.   Yo   creo   que   no   nos
Has   had to   get out of the boneyard   I   believe that not   us

oye   ni   nos   ve.   Ya   lo   viste   esta   mañana   en   ese
(it) hears nor. us   (it) sees Already it (I) saw this   morning   on that

mismo   vallado,   bajo   las   nubes   blancas,   alumbrada   su   seca
same   bank   under the   clouds   white   lit up   its   dry

miseria   mohína,   que   llenaban   de   islas   vivas   las   moscas,
misery   gloomy   that   filled   of   islands alive   the   flies
                                      with

por   el   sol   radiante,   ajeno   a   la   belleza   prodigiosa   del
for   the sun   radiant   of others to the beauty   prodigious   of the

día	de	invierno.	Daba	una	lenta	vuelta,	como	sin
day	of	winter	Gave	a	slow	turn	as	without

oriente,	cojo	de	todas	las	patas	y	se	volvía	otra	vez
east	lame	of	all	the	legs	and	itself	returned	other	time

al	mismo	sitio.	No	ha	hecho	más	que	mudar	de	lado.
at the	same	site	Not	has	done	more	than	to change	of	side

Esta	mañana	miraba	al	poniente	y	ahora	mira	al
This	morning	watched	to the	west	and	now	looks	at the

naciente.
east

¡Qué	traba	la	de	la	vejez,	Platero!	Ahí	tienes	a	ese
What	lock	that	of	the	old age	Platero	Here	(you) have	to	that

pobre	amigo,	libre	y	sin	irse,	aun	viniendo	ya
poor	friend	free	and	without	to go himself	even	coming	already

hacia	él	la	primavera.	¿O	es	que	está	muerto,	como
towards	him	the	spring	Or	is (it)	that	(he) is	died	like

Bécquer,	y	sigue	de pie,	sin	embargo?	Un	niño
Bécquer	and	continues	of foot standing	without	hinder doubt	A	child

podría	dibujar	su	contorno	fijo,	sobre	el	cielo	del
could	draw	its	contour	fixed	on	the	sky	of the

anochecer.
falling of the night

Ya lo ves... Lo he querido empujar y no
Already it (you) see It (I) have wanted to push and not

arranca... Ni atiende a las llamadas... Parece que la
rip out Nor attend to the calls (It) seems that the

agonía lo ha sembrado en el suelo...
agony it has sown on the ground
spread

Platero, se ve a morir de frío en ese vallado alto,
Platero himself sees to die of cold on that bank high

esta noche, pasado por el norte... No sé cómo
this night passed by the north Not (I) know how

irme de aquí; no sé qué hacer, Platero...
to go myself from here not (I) know what to do Platero

CXIV - El alba

The dawn

En las lentas madrugadas de invierno, cuando los gallos
In the slow early mornings of winter when the roosters

alertas ven las primeras rosas del alba y las saluden
alert see the first pink of the dawn and them greet

galantes, Platero, harto de dormir, rebuzna largamente.
gallant Platero fed up of to sleep brays long

¡Cuán dulce su lejano despertar, en la luz celeste que
How sweet his distant wake up in the light sky blue that

entra por las rendijas de la alcoba! Yo, deseoso
enters through the slits of the bedroom I eager

también del día, pienso en el sol desde mi lecho
also of the day (I) think on the sun from my bed
of

mullido.
fluffy

Y pienso en lo que habría sido del pobre Platero, si
And (I) think on it what would have been of the poor Platero if
(would be)

en vez de caer en mis manos de poeta hubiese caído en
in time of to fall in my hands of poet had fallen in
instead

las de uno de esos carboneros que van, todavía de
those of one of those coal diggers that go still of

noche, por la dura escarcha de los caminos solitarios, a
night by the hard frost of the roads lonely to

313

robar los pinos de los montes, o en las de uno de
steal the pine trees of the mountains or in those of one of

esos gitanos astrosos que pintan los burros y les
those gypsies shabby that paint the donkeys and them

dan arsénico y les ponen alfileres en las orejas
(they) give arsenic and them set pins in the ears

para que no se les caigan.
for that not themselves them (they) fall

Platero rebuzna de nuevo. ¿Sabrá que pienso en él?
Platero braying of new Will (he) know what (I) think on of him

¿Qué me importa? En la ternura del amanecer, su
That (to) me (he) is important In the tenderness of the dawning his

recuerdo me es grato como el alba misma. Y, gracias
memory me is pleasurable like the dawn itself And thanks

a Dios, él tiene una cuadra tibia y blanda como una
to God he has a stable warm and soft like a

cuna, amable como mi pensamiento.
cradle amiable as my thought

CXV - Florecillas
Little flowers

(A   mi   madre)
To   my   mother

Cuando   murió   Mamá   Teresa,   me   dice   mi   madre,
When   died   Mother   Teresa   me   says   my   mother

agonizó   con   un   delirio   de   flores.   Por   no   sé   qué
(she) agonized   with   a   delirium   of   flowers   For   not   (I) know   what

asociación,   Platero,   con   las   estrellitas   de   colores   de   mi
association   Platero   with   the   little stars   of   colors   of   my

sueño   de   entonces,   niño   pequeñito,   pienso,   siempre   que   lo
sleep   of   then   child   tiny   (I) think   always   that   the

recuerdo,   que   las   flores   de   su   delirio   fueron   las   verbenas,
memory   that   the   flowers   of   her   delirium   were   the   verbenas
(plant)

rosas,   azules,   moradas.
pink   blue   purple

No   veo   a   Mamá   Teresa   más   que   a   través   de   los
Not   (I) see   to   Mother   Teresa   more   than   at   through   of   the

cristales   de   la   cancela   del   patio,   por   los   que   yo
crystals   of   the   cancel   of the   courtyard   for   those   that   I
panes   lattice gate

miraba   azul   o   grana   la   luna   y   el   sol,   inclinada
watched   blue   or   deep red   the   moon   and   the   sun   inclined

tercamente   sobre   las   macetas   celestes   o   sobre   los
stubbornly   over   the   pots   celestial   or   over   the

arriates blancos. Y la imagen permanece sin volver
flowerbeds white And the image remains without to return

la cara, —porque yo no me acuerdo cómo era— , bajo
the face because I not me remember how (it) was , under

el sol de la siesta de agosto o bajo las lluviosas
the sun of the siesta of August or under the rainy

tormentas de septiembre.
storms of September

En su delirio dice mi madre que llamaba a no sé
In her delirium says my mother that (she) called to not (I) know

qué jardinero invisible, Platero. El que fuera, debió
what gardener invisible Platero The one that outside had to

llevársela por una vereda de flores, de verbenas,
take it with him through a footpath of flowers of verbenas

dulcemente. Por ese camino torna ella, en mi memoria, a
sweetly For that road turns her in my memory to

mí, que la conservo a su gusto en mi sentir amable,
me that her (I) keep at her pleasure in my sense amiable

aunque fuera del todo de mi corazón, como entre
although outside of the whole of my heart as between

aquellas sedas finas que ella usaba, sembradas todas de
those silks fine that she used sown all of

flores pequeñitas, hermanas también de los heliotropos
flowers tiny sisters also of the heliotropes

316

caídos   del   huerto   y   de   las   lucecillas   fugaces   de   mis
fallen   from the   garden   and   of   the   little lights   fleeting   of   my

noches   de   niño.
nights   of   child

CXVI - Navidad

Christmas

¡La candela en el campo...! Es tarde de Nochebuena,
The candle in the field (It) is afternoon of Good night
Christmas Eve

y un sol opaco y débil clarea apenas en el cielo
and a sun opaque and weak clear hardly in the sky

crudo, sin nubes, todo gris en vez de todo azul, con
raw without clouds all gray in time of all blue with

un indefinible amarillor en el horizonte de poniente...
an indefinite yellowish on the horizon of west

De pronto, salta un estridente crujido de ramas verdes
Of soon jumps a strident crunch of branches green
Suddenly

que empiezan a arder; luego, el humo apretado, blanco
that begin to burn then the smoke tight (together) white

como armiño, y la llama, al fin, que limpia el humo
as ermine and the flame at the end that cleans the smoke

y puebla el aire de puras lenguas momentáneas, que
and village the air of pure tongues momentary that

parecen lamerlo.
seem to lick it

¡Oh la llama en el viento! Espíritus rosados, amarillos,
Oh the flame in the wind Spirits pink yellow

malvas, azules, se pierden no sé dónde,
mauve blue themselves lose not (I) know where

taladrando un secreto cielo bajo; ¡y dejan un olor de
drilling a secret sky down and leave a smell of

ascua en el frío! ¡Campo, tibio ahora, de diciembre!
ember in the cold Countryside warm now of December

¡Invierno con cariño! ¡Nochebuena de los felices!
Winter with love Good night of the happy (people)
Christmas Eve

Las jaras vecinas se derriten. El
The rockrose neighboring themselves melt The
fire hardened sticks of the neighbors dissolve

paisaje, a través del aire caliente, tiembla y se
landscape at through of the air hot trembles and itself

purifica como si fuese de cristal errante. Y los niños
purifies as if (it) was of crystal wandering And the children

del casero, que no tienen Nacimiento, se vienen
of the housekeeper that not have Birth themselves come
caretaker a crib scene

alrededor de la candela, pobres y tristes, a
around of the candle poor and sad to

calentarse las manos arrecidas, y echan en las
warm themselves the hands numb with cold and (they) throw in the

brasas bellotas y castañas, que revientan, en un tiro.
embers acorns and chestnuts that burst in a shot

Y se alegran luego, y saltan sobre el fuego que
And themselves cheer after and jump over the fire that

ya la noche va enrojeciendo, y cantan:
already the night goes reddening and (they) sing

...Camina, María
Walk Maria

319

camina, José...
walk   Joseph

Yo les traigo a Platero, y se lo doy, para que
I them bring to Platero and themselves him (I) give for that

jueguen con él.
(they) play with him

CXVII - La calle de la ribera

The street of the riverbank

Aquí, en esta casa grande, hoy cuartel de la guardia
Here in this house large today quarter of the guard

civil, nací yo, Platero. ¡Cómo me gustaba de niño y
civil was born I Platero How me (it) pleased of child and
    as

qué rico me parecía este pobre balcón, mudéjar a lo
how rich me seemed this poor balcony accustomed to the

maestro Garfia, con sus estrellas de cristales de colores!
master Garfia with its stars of crystals of colors

Mira por la cancela, Platero; todavía las lilas, blancas
Look through the cancel Platero still the lilacs white
    lattice gate

y lilas, y las campanillas azules engalanan, colgando la
and lilac and the bluebells blue adorn hanging on the

verja de madera, negra por el tiempo, del fondo
fence of wood black because of the time from the back

del patio, delicia de mi edad primera.
of the courtyard delight of my age first

Platero, en esta esquina de la calle de las Flores
Platero in this corner of the street of the Flowers

se ponían por la tarde los marineros, con sus
themselves put for the afternoon the sailors with their
    in

trajes de paño de varios azules, en hazas, como el
dresses of cloth of various blues in sheafs like the

campo de octubre. Me acuerdo que me parecían
field of october Me remember that me (they) seemed

inmensos; que, entre sus piernas, abiertas por la
huge that between their legs open for the

costumbre del mar, veía yo, allá abajo, el río, con sus
habit of the sea saw I there down the river with its

listas paralelas de agua y de marisma, brillantes
lists parallel of water and of marsh shining

aquéllas, secas éstas y amarillas; con un lento bote en
those dry these and yellow with a slow pot in

el encanto del otro brazo del río; con las violentas
the charm of the other arm of the river with the violent

manchas coloradas en el cielo del poniente... Después mi
spots red in the sky of the west After my

padre se fue a la calle Nueva, porque los marineros
father himself went to the street New because the sailors

andaban siempre navaja con mano, porque los chiquillos
walked always razor with hand because the little kids

rompían todas las noches la farola del zaguán y la
broke all the nights the streetlight of the hallway and the

campanilla y porque en la esquina hacía siempre mucho
little bell and because in the corner made always much

viento...
wind

Desde el mirador se ve el mar. Y jamás se
From the belvedere oneself sees the sea And never itself

borrará de mi memoria aquella noche en que nos
will erase from my memory that night in that us

subieron a los niños todos, temblorosos y ansiosos, a
went up to the children all trembling and anxious to

ver el barco inglés aquel que estaba ardiendo en la
see the boat English that that was ablaze in the

Barra...
Barra

CXVIII - El invierno
The winter

Dios	está	en	su	palacio	de	cristal.	Quiero	decir	que
God	is	in	his	palace	of	crystal	(I) want	to say	that

llueve,	Platero.	Llueve.	Y	las	últimas	flores	que	el	otoño
(it) rains	Platero	(It) rains	And	the	last	flowers	that	the	autumn

dejó	obstinadamente	prendidas	a	sus	ramas	exangües,
left	stubbornly	turned on	at	its	branches	bloodless

se	cargan	de	diamantes.	En	cada	diamante,	un	cielo,
themselves	load	of	diamonds	In	each	diamond	a	sky

un	palacio	de	cristal,	un	Dios.	Mira	esta	rosa;	tiene
a	palace	of	crystal	a	God	Look at	this	rose	(it) has

dentro	otra	rosa	de	agua,	y	al	sacudirla	¿ves?,
inside	(an) other	rose	of	water	and	at the to	shake it	(you) see

se	le	cae	la	nueva	flor	brillante,	como	su	alma,	y
itself	it	falls	the	new	flower	brilliant	like	its	soul	and

se	queda	mustia	y	triste,	igual	que	la	mía.
itself	stays	withered	and	sad	equal	that as	the	mine

El	agua	debe	ser	tan	alegre	como	el	sol.	Mira,	si	no,
The	water	must	be	so as	happy	as	the	sun	Look	if	not

cuál	corren	felices,	los	niños,	bajo	ella,	recios	y
which how	(they) run	happy	the	children	under	her	tough	and

colorados,	al	aire	las	piernas.	Ve	cómo	los	gorriones
colored	at the in the	air	the	legs	See	how	the	sparrows

324

se entran todos, en bullanguero bando súbito, en la
themselves enter all in rowdy band sudden in the
flock

yedra, en la escuela, Platero, como dice Darbón, tu
ivy in the school Platero as says Darbon your

médico.
medic

Llueve. Hoy no vamos al campo. Es día de
(It) rains Today not (we) go to the field (It) is day of

contemplaciones. Mira cómo corre las canales del tejado.
contemplations Look how run the channels of the roof

Mira cómo se limpian las acacias, negras ya y
Look how themselves (they) clean the acacias black already and

un poco doradas todavía; cómo torna a navegar por la
a little golden still how turns to navigate through the

cuneta el barquito de los niños, parado ayer entre
ditch the little boat of the children stopped yesterday between

la yerba. Mira ahora, en este sol instantáneo y débil,
the herb Look now in this sun instantaneous and weak
grass

cuán bello el arco iris que sale de la iglesia y
how beautiful the arch rainbow that comes out of the church and

muere, en una vaga irisación, a nuestro lado.
dies in a vague iridescence at our side

CXIX - Leche de burra

Milk of donkey

La	gente	va	más	de	prisa	y	tose	en	el	silencio	de
The	people	goes	more	of in	haste	and	cough	in	the	silence	of

la	mañana	de	diciembre.	El	viento	vuelca	el	toque	de
the	morning	of	December	The	wind	overturns	the	touches rings	of

misa	en	el	otro	lado	del	pueblo.	Pasa	vacío	el	coche
mass	on	the	other	side	of the	village	Passes	empty	the	coach

de	las	siete...	Me	despierta	otra	vez	un	vibrador	ruido
of	the	seven o'clock	Me	wakes up	(an)other	time	a	vibrator vibrating	noise

de	los	hierros	de	la	ventana...	¿Es	que	el	ciego	ha
from	the	irons bars	of	the	window	Is (it)	that	the	blind	has

atado	a	ella	otra	vez,	como	todos	los	años,	su	burra?
tied	to	her	(an)other	time	as	(in) all	the	years	his	donkey

Corren	presurosas	las	lecheras	arriba	y	abajo,	con	su
(They) run	hurried	the	milkmaids	up	and	down	with	their

cántaro	de	lata	en	el	vientre,	pregonando	su	blanco
pitcher	of	tin	on	the	belly	hawking	their	white

tesoro	en	el	frío.	Esta	leche	que	saca	el	ciego	a	su
treasure	in	the	cold	This	milk	that	took out	the	blind	to	his

burra	es	para	los	catarrosos.
donkey	is	for	the	catarrhals flu sufferers

Sin duda, el ciego, como es ciego, no ve la
Without doubt the blind (man) as (he) is blind not sees the

ruina, mayor, si es posible, cada día, cada hora, de su
ruin greater if (it) is possible each day each hour of his

burra. Parece ella entera un ojo ciego de su amo...
donkey (it) seems she whole (is) one eye blind of her master

Un tarde, yendo yo con Platero por la cañada de las
One afternoon going I with Platero through the glen of the

ánimas, me vi al ciego dando palos a diestro y
souls me (I) saw to the blind giving sticks at (the) right and
                                          beatings

siniestro tras la pobre burra que corría por los prados,
(the) left after the poor donkey that ran through the meadows

sentada casi en la yerba mojada. Los palos caían en
seated almost in the herb wet The sticks fell on
                    grass   beatings

un naranjo, en la noria, en el aire, menos fuertes que
an orange tree on the treadmill in the air less strong that
                                                    than

los juramentos que, de ser sólidos, habrían derribado
the swears that of to be solid would have shot down
    curses   if they had been

el torreón del Castillo... No quería la pobre burra vieja
the big tower of the Castle Not wanted the poor donkey old
    keep

más advientos y se defendía del destino vertiendo en
more advents and herself defended of the fate pouring out in

lo infecundo de la tierra como Onán, la dádiva de algún
it sterile of the earth like Onan the gift of some

burro desahogado... El ciego, que vive su oscura vida
donkey relieved The blind that lives his dark life

vendiendo a los viejos por un cuarto, o por una
selling to the old (ones) for a room or for a

promesa, dos dedos del néctar de los burrillos, quería
promise two fingers of the nectar of the donkeys wanted

que la burra retuviese, de pie, el don fecundo, causa de
that the donkey would retain of foot the don fertile cause of
standing

su dulce medicina.
her sweet medicin

Y ahí está la burra, rascando su miseria en los hierros
And here is the donkey scratching her misery in the irons
bars

de la ventana, farmacia miserable, para todo otro
of the window pharmacy miserable for whole (an)other

invierno, de viejos fumadores, tísicos y borrachos.
winter of old smokers consumptives and drunks

CXX - Noche pura

Pure night

Las almenadas azoteas blancas se cortan secamente
The crenellated rooftops white themselves cut dryly

sobre al alegre cielo azul, gélido y estrellado. El
on to the happy sky blue icy and starry The

norte silencioso acaricia, vivo, con su pura agudeza.
north silent caresses alive with its pure acuity
sharpness

Todos creen que tienen frío y se esconden en las
All believe that have cold and themselves hide in the
they are

casas y las cierran. Nosotros, Platero, vamos a ir
houses and those close Us Platero (we) go to go

despacio, tú con tu lana y con mi manta, yo con mi
slowly you with your wool and with my blanket I with my

alma, por el limpio pueblo solitario.
soul through the cleansed village lonely

¡Qué fuerza de adentro me eleva, cual si fuese yo una
What force of inside me rose which if was I a
as

torre de piedra tosca con remate de plata libre! ¡Mira
tower of stone rough with finishing off of silver free Look

cuánta estrella!
how much star
how many stars

De	tantas	como	son,	marean.	Se	diría	el
Of	so many	as	(there) are	(they) make dizzy	Oneself	would say	the

cielo	un	mundo	de	niños;	que	le	está	rezando	a	la
sky	a	world	of	children	that	him	is	praying	to	the

tierra	un	encendido	rosario	de	amor	ideal.
earth	a	switched on	rosary	of	love	ideal

¡Platero,	Platero!	Diera	yo	toda	mi	vida	y	anhelara	que
Platero	Platero	Gave	I	all	my	life	and	crave	that

tú	quisieras	dar	la	tuya,	por	la	pureza	de	esta	alta
you	would like	to give	the	yours	for	the	purity	of	this	high

noche	de	enero,	sola,	clara	y	dura!
night	of	January	single	clear	and	hard

CXXI - La corona de perejil
The crown of parsley

¡A   ver   quién   llega   antes!
To   see   whom   arrives   before

El   premio   era   un   libro   de   estampas,   que   yo   había
The   prize   was   a   book   of   prints   that   I   had

recibido   la   víspera,   de   Viena.
received   the   eveevening before   from   Vienna

—¡A   ver   quién   llega   antes   a   las   violetas !...   A   la   una...
To   see   whom   arrives   before   to   the   violets   At   the   one

A   las   dos...   ¡A   las   tres!
At   the   two   At   the   three

Salieron   las   niñas   corriendo,   en   un   alegre   alboroto   blanco
Left   the   girls   running   in   a   happy   rampage   white

y   rosa   al   sol   amarillo.   Un   instante,   se   oyó   en   el
and   pink   at the   sun   yellow   An   instant   oneself   heard   in   the
in the

silencio   que   el   esfuerzo   mudo   de   sus   pechos   abría   en
silence   that   the   effort   mute   of   their   breasts   opened   in

la   mañana,   la   hora   lenta   que   daba   el   reloj   de   la   torre
the   morning   the   hour   slow   that   gave   the   watch   of   the   tower

del   pueblo,   el   menudo   cantar   de   un   mosquitito   en   la
of the   village   the   slow   sing   of   a   little mosquito   on   the

colina   de   los   pinos,   que   llenaban   los   lirios   azules,   el
hill   of   the   pine trees   that   filled   the   lilies   blue   the

331

venir	del	agua	en	el	regato...	Llegaban	las	niñas	al
come	of the	water	in	the	stream	Arrived	the	girls	at the
coming									

primer	naranjo,	cuando	Platero,	que	holgazaneaba	por	allí,
first	orange tree	when	Platero	that	loafed	by	there
				who			

contagiado	del	juego,	se	unió	a	ellas	en	su	vivo
infected	of the	game	himself	joined	to	them	in	his	live

correr.	Ellas,	por	no	perder,	no	pudieron	protestar,	ni
run	Them	for	not	to lose	not	(they) could	protest	nor

reírse	siquiera...
laugh	certainly

Yo	les	gritaba:	¡Que	gana	Platero!	¡Que	gana	Platero!
I	them	(she) shouted	that	lust	Platero	that	lust	Platero

Sí,	Platero	llegó	a	las	violetas	antes	que	ninguna,	y
Yes	Platero	arrived	to	the	violets	before	that	none	and
								(any)	

se	quedó	allí,	revolcándose	en	la	arena.
itself	remained	there	wallowing	in	the	sand

Las	niñas	volvieron	protestando	sofocadas,	subiéndose	las
The	girls	returned	protesting	suffocated	lifting themselves	the

medias,	cogiéndose	el	cabello:
stockings	holding themselves	the	hair

—¡Eso	no	vale!	¡Eso	no	vale!	¡Pues	no!	¡Pues	no,	ea!
that	not	is worth	that	not	is worth	then	not	then	not	ea

Les dije que aquella carrera la había ganado Platero
Them (i) said that that career the had cattle Platero

y que era justo premiarlo de algún modo. Que bueno,
and that was exact reward him of some manner That good

que el libro, como Platero no sabía leer, se quedaría
that the book as Platero not knew read itself would stay

para otra carrera de ellas, pero que a Platero había que
for other career of them but that to Platero had that

darle un premio.
to give him a prize

Ellas, seguras ya del libro, saltaban y reían,
Them safe already of the book jumped out and they laughed

rojas: ¡Sí! ¡Sí! ¡Sí!
red yes yes yes

Entonces, acordándome de mí mismo, pensé que Platero
Then remembering me of me same (i) thought that Platero

tendría el mejor premio en su esfuerzo, como yo en mis
shall have the best prize in his effort as i in my

versos. Y cogiendo un poco de perejil del cajón de la
verses And catching a little of parsley of the drawer of the

puerta de la casera, hice una corona, y se la
door of the homemade (i) made a crown and itself the

puse en la cabeza, honor fugaz y máximo, como a un
(i) put in the head honor fleeting and maximum as to a

lacedemonio.
lacedaemonian

CXXII - Los Reyes Magos

The mage kings (The three wise men)

¡Qué ilusión, esta noche, la de los niños, Platero! No
What illusion this night that of the children Platero Not

era posible acostarlos. Al fin, el sueño los fue
(it) was possible to lay them down At the end the sleep them was

rindiendo, a uno en una butaca, a otro en el suelo,
yielding to one in a seat to (an)other on the ground

al arrimo de la chimenea, a Blanca en una silla baja,
at the huddle of the hearth to Blanca in a chair low
(White)

a Pepe en el poyo de la ventana, la cabeza sobre
to Pepe on the stone bench of the window the head on

los clavos de la puerta, no fueran a pasar los Reyes...
the nails of the door not were to pass the Kings

Y ahora, en el fondo de esta afuera de la vida, se
And now on the bottom of this outside of the life oneself

siente como un gran corazón pleno y sano, el sueño
feels like a great heart full and healthy the sleep

de todos, vivo y mágico.
of all alive and magic

Antes de la cena, subí con todos. ¡Qué alboroto por
Before of the dinner (I) went up with all What rampage by

la escalera, tan medrosa para ellos otras noches!
the stair(s) so fearful for those other nights

—A mí no me da miedo de la montera, Pepe, ¿y a
To me not me gives fear of the skylight Pepe and to

ti?, decía Blanca, cogida muy fuerte de mi mano. —Y
you said Blanca grabbed very strong of my hand And

pusimos en el balcón, entre las cidras, los zapatos de
(we) set on the balcony between the citrons the shoes of

todos. Ahora, Platero, vamos a vestirnos Montemayor, tita,
all Now Platero (we) go to get dressed Montemayor aunt

María Teresa, Lolilla, Perico, tú y yo, con sábanas y
Maria Teresa Lolilla Parakeet you and I with sheets and

colchas y sombreros antiguos. Y a las doce,
bedspreads and hats old And at the twelve
twelve o'clock

pasaremos ante la ventana de los niños en cortejo de
(we) will pass before the window of the children in entourage of

disfraces y de luces, tocando almireces, trompetas y el
fancy dress and of lights touching pestles trumpets and the
playing

caracol que está en el último cuarto. Tú irás delante
shell that is in the last room You will go in front

conmigo, que seré Gaspar y llevaré unas barbas
with me that (you) will be Gasp and (I) will take some beards

blancas de estopa, y llevarás, como un delantal, la
white of tow and (you) will carry like an apron the

bandera de Colombia, que he traído de casa de
flag of Colombia that (I) have brought from (the) house of

mi tío, el cónsul... Los niños, despertados de pronto, con
my uncle the consul The children awakened of soon with
suddenly

335

el	sueño	colgado	aún,	en	jirones,	de	los	ojos
the	sleep	hung	still	in	rags	of / with	the	eyes

asombrados,	se	asomarán	en	camisa	a	los	cristales
surprised	themselves	will appear	in	shirt	at	the	crystals / panes

temblorosos	y	maravillados.	Después,	seguiremos	en	su
trembling	and	astonished	After	will follow	in	his

sueño	toda	la	madrugada,	y	mañana,	cuando	ya
sleep	all	the	early morning	and	morning	when	already

tarde,	los	deslumbre	el	cielo	azul	por	los	postigos,
afternoon	them	dazzles	the	sky	blue	through	the	shutters

subirán,	a	medio	vestir,	al	balcón	y	serán	dueños
(they) will go up	at	half	dress	to the	balcony	and	will be	masters / hosts

de	todo	el	tesoro.
of	all	the	treasury

El	año	pasado	nos	reímos	mucho.	¡Ya	verás
The	year	passed	us	(we) laughed	much	Already	(you) will see

cómo	nos	vamos	a	divertir	esta	noche,	Platero,	camellito
how	us	(we) go	to	amuse	this	night	Platero	little camel

mío!
(of) mine

CXXIII - Mons-urium

Mons-urium

El Monturrio, hoy. Las colinas rojas, más pobres cada día
The Monturrio today The hills red more poor each day

por la cava de los areneros, que, vistas desde el
for the digging of the sand (diggers) that viewed from the
because of

mar, parecen de oro y que nombraron los romanos de
sea seem of gold and that (they) name the romans of

ese modo brillante y alto. Por él se va, más pronto
that manner brilliant and high By him itself goes more fast
it

que por el Cementerio, al Molino de viento.
than by the Graveyard to the Mill of wind

Asoma ruinas por doquiera y en sus viñas los
(There) peek out ruins by everywhere and in their vineyards the

cavadores sacan huesos, monedas y tinajas.
diggers take out bones coins and jars

...Colón no me da demasiado bienestar, Platero. Que si
Colon not me gives too much wellness Platero What if

paró en mi casa; que si comulgó en Santa
(it) stopped in my house what if (he) took communion in Saintly

Clara, que si es de su tiempo esta palmera o la otra
Clear that if is of his time this palm tree or the other

hospedería... Está cerca y no va lejos, y ya
inn (It) is close and not goes far and already

337

sabes	los	dos	regalos	que	nos	trajo	de	América.
(you) know	the	two	gifts	that	us	(he) brought	from	America

Los	que	me	gusta	sentir	bajo	mí,	como	una	raíz	fuerte,
Those	that	me	please	to feel	under	me	like	a	root	strong

son	los	romanos,	los	que	hicieron	ese	hormigón	del
are	the	romans	those	that	made	that	cement	of the

Castillo	que	no	hay	pico	ni	golpe	que	arruine,	en	el
Castle	that	not	has / there is	pick	nor	blow	that	(it) ruined	in	it

que	no	fue	posible	cavar	la	veleta	de	la	Cigüeña,
that	not	was	possible	to dig	the	vane	of	the	Stork

Platero...
Platero

No	olvidarse	nunca	el	día	en	que,	muy	niño,	supe
Not	forget yourself	never	the	day	in	that	much	child	(I) knew

este	nombre:	Mons-urium.	Se	me	ennobleció	de	pronto
this	name	Mons-urium	Itself	me	ennobled	of	soon / suddenly

el	Monturrio	y	para	siempre.	Mi	nostalgia	de	lo	mejor,
the	Monturrio	and	for	always	My	nostalgia	of	the	best

¡tan	triste	en	mi	pobre	pueblo!,	halló	un	engaño
so	sad	in	my	poor	village	found	a	trick

deleitable.	¿A	quién	tenía	yo	envidiar	ya?	¿Qué
delectable	To	whom	had	I	to envy	already	What

antigüedad,	qué	ruina	—catedral	o	castillo—	podría	a
antiquity	what	ruin	cathedral	or	castle	(I) was able	to

retener	mi	largo	pensamiento	sobre	los	ocasos	de	la
hold back	my	long	thought	on	the	sunsets	of	the

ilusión? Me encontré de pronto como sobre un tesoro
illusion Me (I) found of soon like on a treasury

inextinguible. Moguer, Monte de escoria de oro,
inextinguishable Moguer Mountain of human waste of gold

Platero; puedes vivir y morir contento.
Platero (you) can live and die satisfied

CXXIV - El vino

The wine

Platero,	te	he	dicho	que	el	alma	de	Moguer	es	el
Platero	you	(I) have	said	that	the	soul	of	Moguer	is	the

pan.	No.	Moguer	es	como	una	caña	de	cristal	grueso
bread	No	Moguer	is	like	a	slim glass	of	crystal	thick

y	claro,	que	espera	todo	el	año,	bajo	el	redondo	cielo
and	clear	that	awaits	all	the	year	under	the	round	sky

azul,	su	vino	de	oro.	Llegado	setiembre,	si	el	diablo	no
blue	its	wine	of	gold	Arrived	September	if	the	devil	not

agua	la	fiesta,	se	colma	esta	copa,	hasta	el	borde,	de
waters	the	feast	itself	fills	this	cup	until	the	edge	of
										with

vino	y	se	derrama	casi	siempre	como	un	corazón
wine	and	itself	spills	almost	always	like	a	heart

generoso.
generous

Todo	el	pueblo	huele	entonces	a	vino,	más	o	menos
All	the	village	smells	then	to	wine	more	or	less

generoso,	y	suena	a	cristal.	Es	como	si	el	sol	se
generous	and	sounds	to	crystal	(It) is	as	if	the	sun	itself
			like							

donara	en	líquida	hermosura	y	por	cuatro	cuartos,	por
donates	in	liquid	beauty	and	for	four	quarters	for
							(coin)	

el	gusto	de	encerrarse	en	el	recinto	trasparente	del
the	pleasure	of	to lock up oneself	in	the	enclosure	transparent	of the

pueblo blanco, y de alegrar su sangre buena. Cada
village white and of to make happy ones blood good Each

casa es, en cada calle, como una botella en la estantería
house is in each street like a bottle in the shelving

de Juanito Miguel o del Realista, cuando el poniente
of Juanito Michael or of the Realistic when the setting
west

las toca de sol.
them plays of sun
with

Recuerdo La fuente de la indolencia, de Turner que
Remember The fountain of the indolence of Turner that

parece pintada toda, en su amarillo limón, con vino
seems painted all in its yellow lemon with wine

nuevo. Así Moguer, fuente de vino que, como la
new Thus Moguer fountain of wine that like the
Such is

sangre, acude a cada herida suya, sin término;
blood applies to each wound (of) his without end

manantial de triste alegría que, igual al sol de abril,
spring (water) of sad joy that equal to the sun of April

sube a la primavera cada año, pero cayendo cada día.
goes up to the spring each year but falling down each day

CXXV - La fábula

The fable

Desde niño, Platero, tuve un horror instintivo al
From child Platero (I) had a horror instinctive to the

apólogo, como a la iglesia, a la Guardia Civil, a los
apologue like to the church to the Guard Civil to the

toreros y al acordeón. Los pobres animales, a fuerza
bullfighters and to the accordion The poor animals to force

de hablar tonterías por boca de los fabulistas, me
of to talk dumb mistakes through mouth of the fabulists me

parecían tan odiosos como en el silencio de las vitrinas
seemed so obnoxious like in the silence of the showcases

hediondas de la clase de Historia Natural. Cada palabra
smelly of the class of Story Natural Each word

que decían, digo, que decía un señor acatarrado,
that (they) were saying (I) say that said a sir cold

rasposo y amarillo, me parecía un ojo de cristal, un
gritty and yellow me seemed an eye of crystal a

alambre de ala, un soporte de rama falsa. Luego, cuando
wire of wing a support of branch false After when
tightrope

vi en los circos de Huelva y de Sevilla animales
(I) saw in the circuses of Huelva and of Seville animals

amaestrados, la fábula, que había quedado, como las
trained the fable that had become like the

planas y los premios, en el olvido de la escuela
maps and the prizes in the forgetfulness of the school

dejada,   volvió   a   seguir   como   una   pesadilla
leftremained behind   returned   to   follow   like   a   nightmare

desagradable   de   mi   adolescencia.
disagreeable   of   my   adolescence

Hombre   ya,   Platero,   un   fabulista,   Jean   de   La   Fontaine,
Man   already   Platero   a   fabulist   Jean   of   The   Fontaine

de   quien   tú   me   has   oído   tanto   hablar   y   repetir,   me
of   whom   you   me   have   heard   so much   talk   and   repeat   me

reconcilió   con   los   animales   parlantes;   y   un   verso   suyo,
reconciled   with   the   animals   speaking   and   a   verse   (of) his

a   veces,   me   parecía   voz   verdadera   del   grajo,   de   la
at   times   me   seemed   voice   true   of the   rook   of   the

paloma   o   de   la   cabra.   Pero   siempre   dejaba   sin   leer
dove   or   of   the   goat   But   always   (I) left   without   to read

la   moraleja,   ese   rabo   seco,   esa   ceniza,   esa   pluma   caída
the   moral   that   tail   dry   that   ash(es)   that   feather   fallen

del   final.
from the   end

Claro   está,   Platero,   que   tú   no   eres   un   burro   en   el
Clear   is   Platero   that   you   not   are   a   donkey   in   the

sentido   vulgar   de   la   palabra,   ni   con   arreglo   a   la
sense   ordinary   of   the   word   nor   with   arrangement   to   the

definición   del   Diccionario   de   la   Academia   Española.   Lo
definition   of the   Dictionary   of   the   Academy   Spanish   It

eres,   sí,   como   yo   lo   sé   y   lo   entiendo.   Tú   tienes   su
(you) are   yes   like   I   it   know   and   it   understand   You   have   your

idioma y no el mío, como no tengo yo el de la
language and not that (of) mine as not have I that of the

rosa ni ésta el del ruiseñor. Así, no temas que vaya
rose nor this one that of the nightingale Thus no themes that go

yo nunca, como has podido pensar entre mis libros,
I never like (you) have been able to think between my books

a hacerte héroe charlatán de una fabulilla, trenzando tu
to make you hero charlatan of a fabulous braiding your

expresión sonora con la de zorra o el jilguero, para
expression sonorous with that of fox or the goldfinch for

luego deducir, en letra cursiva, la moral fría y vana
after to deduct in lyrics italics the moral cold and gone

del apólogo. No, Platero...
of the apologue No Platero

CXXVI - Carnaval
Carnival

¡Qué   guapo   está   hoy   Platero!   Es   lunes   de   Carnaval,
How   handsome   is   today   Platero   (It) is   monday   of   Carnival

y   los   niños,   que   se   han   disfrazado   vistosamente   de
and   the   children   that   themselves   have   disguised   showily   of

toreros,   de   payasos   y   de   majos,   le   han puesto   el
bullfighters   of   clowns   and   of   dandies   him   have   set   the

aparejo   moruno,   todo   bordado,   en   rojo,   verde,   blanco   y
rig   moorish   all   embroidered   in   red   green   white   and

amarillo,   de   recargados   arabescos.
yellow   of   filled in   arabesques

Agua,   sol   y   frío.   Los   redondos   papelillos   de   colores   van
Water   sun   and   cold   The   round   papers   of   colors   go

rodando   paralelamente   por   la   acera,   al   viento   agudo   de
rolling   parallel   by   the   sidewalk   at the   wind   sharp   of

la   tarde,   y   las   máscaras,   ateridas,   hacen   bolsillos   de
the   afternoon   and   the   more expensive   cold   make   pockets   of

cualquier   cosa   para   las   manos   azules.
whatever   thing   for   the   hands   blue

Cuando   hemos   llegado   a   la   plaza,   unas   mujeres   vestidas
When   (we) have   arrived   at   the   square   some   women   dressed

de   locas,   con   largas   camisas   blancas,   coronados   los   negros
of   fools   with   long   shirts   white   crowned   the   black
as

y   sueltos   cabellos   con   guirnaldas   de   hojas   verdes,   han
and   loose   hair   with   garlands   of   leaves   green   have

cogido a Platero en medio de su corro bullanguero y,
caught to Platero in half of his huddle rowdy and

unidas por las manos, han girado alegremente en torno
united by the hands have turned happily in turn
around
de él
of him

Platero, indeciso, yergue las orejas, alza la cabeza y,
Platero undecided stands up the ears rises the head and

como un alacrán cercado por el fuego, intenta, nervioso,
like a scorpion enclosed by the fire tries nervous

huir por doquiera. Pero, como es tan pequeño, las
to flee by everywhere But as (he) is so little the

locas no le temen y siguen girando, cantando y
madwomen not him fear and follow spinning singing and

riendo a su alrededor. Los chiquillos, viéndolo cautivo,
laughing at his surroundings The little kids seeing him captive

rebuznan para que él rebuzne. Toda la plaza es ya
bray for that he brays All the square is already

un concierto altivo de metal amarillo, de rebuznos, de
a concert arrogant of metal yellow of braying of

risas, de coplas, de panderetas y de almireces...
laughs of verses of tambourines and of pestles

Por fin, Platero, decidido igual que un hombre, rompe el
For end Platero decided equal that a man breaks the
Finally as

corro y se viene a mí trotando y llorando, caído
huddle and himself comes to me jogging and crying fallen

346

el	lujoso	aparejo.	Como	yo,	no	quiere	nada	con	los
the	luxurious	rig	As Like me	I	not	(he) wants	nothing	with	the

Carnavales...	No	servimos	para	estas	cosas...
Carnivals	Not	(we) serve we are suitable	for	these	things

CXXVII - León

Leon

Voy yo con Platero, lentamente, a un lado cada uno de
Go I with Platero slowly to a side each one of

los poyos de la plaza de las Monjas, solitaria y alegre
the supports of the square of the Nuns solitary and happy

en esta calurosa tarde de febrero, el temprano ocaso
in this hot afternoon of February the early sunset

comenzado ya, en un malva diluido en oro, sobre el
started already in a mauve diluted in gold over the

hospital, cuando de pronto siento que alguien más está
hospital when of soon (I) feel that someone more is
suddenly

con nosotros. Al volver la cabeza, mis ojos se
with us At the to return the head my eyes themselves
At turning

encuentran con las palabras: don Juan... Y León da una
encounter with the words don Juan And Leon give a

palmadita...
pat

Sí, es León, vestido ya y perfumado para la
Yes (it) is Leon dressed already and perfumed for the

música del anochecer, con su saquete a cuadros, sus
music of the falling of the night with his sachet at squares his
chequered

botas de hilo blanco y charol negro, su descolgado
boots of thread white and patent leather black his unhooked

pañuelo de seda verde y, bajo el brazo, los
handkerchief of silk green and under the arm the

348

relucientes platillos. Da una palmadita y me dice que
shining cymbals Gives a pat and me says that

a cada uno le concede Dios lo suyo; que si yo escribo
at each one him conceded God the his that if I write

en los diarios.., él, con ese oído que tiene, es capaz...
in the diaries he with that ear that (he) has is able

—Ya v'osté, don Juan, loj platiyo... El ijtrumento más
Already see you don Juan the cymbals The instrument most
(los) (platillos) (instrumento)

difísi... El uniquito que ze toca zin papé... —Si él
difficult The unique that le plays his daddy If he
(difícil) (son)

quisiera fastidiar a Modesto, con ese oído, pues silbaría,
would like to annoy to Modesto with that ear then would whistle

antes que la banda las tocara, las piezas nuevas. —Ya
before that the band the will play the pieces new Already
songs

v'osté... Ca cuá tié lo zuyo... Ojté ejcribe en loj
you see That each has the his You write in the
(ve usted) (Usted) (los)

diario... Yo tengo ma juersa que Platero... Toq'usté
daily I have more horn? than Platero Touch you
newspaper (cuerno?)

aquí...
here

Y   me   muestra   su   cabeza   vieja   y   despelada,   en   cuyo
And   me   shows   his   head   old   and   hairless   in   whose

centro,   como   la   meseta   castellana,   duro   melón   viejo   y
center   like   the   plateau   Castelan   hard   cantaloupe old   and

seco,   un   gran   callo   es   señal   clara   de   su   duro   oficio.
dry   a   great   callus   is   signal   clear   of   his   hard   office
                                    reminder

Da   una   palmadita,   un   salto,   y   se   va   silbando,   un
Gives   a   pat   a   jump   and   himself   goes   whistling   a

guiño   en   los   ojos   con   viruelas,   no   sé   qué   pasodoble,
wink   in   the   eyes   with   smallpox   not   (I) know   what   two-step

la   pieza   nueva,   sin   duda,   de   la   noche.   Pero   vuelve
the   piece   new   without   doubt   of   the   night   But   (he) returns

de   pronto   y   me   da   una   tarjeta:
of   soon   and   me   gives   a   card
     suddenly

"León
Leon

Decano   de   los   mozos   de   cuerda   de   Moguer"
Dean   of   the   servants   of   cord   of   Moguer

350

CXXVIII - El molino de viento
The mill of the wind (The windmill)

¡Qué grande me parecía entonces, Platero, esta charca, y
How large me seemed then Platero this pond and

qué alto ese circo de arena roja! ¿Era en esta agua
how high that circus of sand red Was (it) in this water

donde se reflejaban aquellos pinos agrios, llenando
where themselves reflected those pine trees bitter filling

luego mi sueño con su imagen de belleza? ¿Era este el
after my sleep with his image of beauty Was this the

balcón desde donde yo vi una vez el paisaje más claro
balcony from where I saw one time the landscape most clear

de mi vida, en una arrobadora música de sol?
of my life, in a rapturous music of sun

Sí, las gitanas están y el miedo a los toros vuelve.
Yes the gypsies are and the fear to the bulls returns

Está también, como siempre, un hombre solitario —¿el
(It) is also as always a man lonely the

mismo, otro?— , un Caín borracho que dice cosas sin
same other , a Cain drunk that says things without

sentido a nuestro paso, mirando con su único ojo al
sense to our step looking with his only eye at the

camino, a ver si viene gente... y desistiendo al
road to see if come people and giving up at the

punto... Está el abandono y está la alegría, pero ¡qué
point (It) is the abandonment and (it) is the joy but how
moment

nuevo aquél, y ésta qué arruinada!
new that and this how ruined

Antes de voverle a ver en él mismo, Platero, creí
Before of to return to see in that same Platero (I) believed

ver este paraje, encanto de mi niñez, en un cuadro de
to see this place charm of my childhood in a painting of

Courbet y en otro de Böcklin. Yo siempre quise
Courbet and in (an)other of Böcklin I always wanted

pintar su esplendor, rojo frente al ocaso de otoño,
to paint its splendor red front at the sunset of autumn

doblado con sus pinetes en la charca de cristal que
doubled with its little pines in the pond of crystal that

socava la arena... Pero sólo queda, ornada de
undermines the sand But only stays ornate of

jaramago, una memoria, que no resiste la insistencia,
wall-rocket a memory that not resist the insistence
plant: diplotaxis

como un papel de seda al lado de una llama brillante,
like a paper of silk to the side of a flame brilliant

en el sol mágico de mi infancia.
in the sun magic of my infancy

CXXIX - La torre

The tower

No, no puedes subir a la torre. Eres demasiado
No not (you) can go up to the tower (You) are too

grande. ¡Si fuera la Giralda de Sevilla!
big If (it) was the Giralda of Seville

¡Cómo me gustaría que subieras! Desde el
How me (it) would please that (you) would mount (it) From the

balcón del reloj se ven ya las azoteas del
balcony of the clock themselves see already the rooftops of the
are visible

pueblo, blancas, con sus monteras de cristales de colores
village white with their skylights of crystals of colors
panes

y sus macetas floridas pintadas de añil. Luego, desde
and their pots florid painted of indigo After from
Behind

el del sur, que rompió la campana gorda cuando la
that of the south that broke the bell fat when her

subieron, se ve el patio del Castillo, y se
(they) moved up oneself sees the courtyard of the Castle and oneself

ve el Diezmo y se ve, en la marea, el mar. Más
sees the Diezmo and oneself sees in the tide the sea More

arriba, desde las campanas, se ven cuatro pueblos
up from the bells themselves see four villages
are visible

y el tren que va a Sevilla, y el tren de Ríotinto
and the train that goes to Seville and the train of Riotint

353

y la Virgen de la Peña. Después hay que guindar
and the Virgin of the Pain After has that hang
there is only

por la barra de hierro y allí le tocarías los pies
through the bar of iron and there him would touch the feet

a Santa Juana, que hirió el rayo, y tu cabeza,
to Saintly Juana that wounded the ray and your head
who lightning

saliendo por la puerta del templete, entre los azulejos
exiting by the door of the small temple between the tiles
shrine

blancos y azules, que el sol rompe en oro, sería el
white and blue that the sun breaks in gold would be the

asombro de los niños que juegan al toro en la plaza
surprise of the children that play at the bull in the square

de la Iglesia, de donde subiría a ti, agudo y claro,
of the Church of where would go up to you sharp and clear

su gritar de júbilo.
their shout of joy

¡A cuántos triunfos tienes que renunciar, pobre Platero!
To how many triumphs (you) have than to resign poor Platero

¡Tu vida es tan sencilla como el camino corto del
Your life is so simple like the road short of the

Cementerio viejo!
Graveyard old

354

CXXX - Los burros del arenero
The donkeys of the sand-workers

Mira, Platero, los burros del Quemado; lentos, caídos, con
Look — Platero — the — donkeys — of the — Burned — slow — fallen — with

su picuda y roja carga de mojada arena, en la que
their — points — and — red — load — of — wet — sand — in — which — that

llevan clavada, como el corazón, la vara de acebuche
(they) carry — nailed — like — the — heart — the — branch switch — of — wild olive

verde con que les pegan...
green — with — that which — them — (they) hit

CXXXI - Madrigal

Madrigal (type of poem)

Mírala,	Platero.	Ha	dado,	como	el	caballito	del
Look at her	Platero	(She) has	given	like	the	rocking horse	of the

circo	por	la	pista,	tres	vueltas	en	redondo	por	todo
circus	by	the	track	three	turns	in	round	through	all

el	jardín,	blanca	como	la	leve	ola	única	de	un	dulce
the	garden	white	like	the	light	wave	only	of	a	sweet

mar	de	luz,	y	ha	vuelto	a	pasar	la	tapia.	Me	la
sea	of	light	and	has	returned	to	pass	the	wall	Me	her

figuro	en	la	rosal	silvestre	que	hay	del	otro	lado
figured	in	the	rosebush	wild	that	has	of the	other	side
imagined						there is	at the		

y	casi	la	veo	a	través	de	la	cal.	Mírala.	Ya
and	almost	her	(I) see	at	through	of	the	lime	Look at her	Already

está	aquí	otra	vez.	En	realidad,	son	dos	mariposas;
is	here	(an)other	time	In	reality	(there) are	two	butterflies

una	blanca,	ella,	otra	negra,	su	sombra.
one	white	her	(the) other	black	her	shadow

Hay,	Platero,	bellezas	culminantes	que	en	vano	pretenden
Has	Platero	beauties	culminating	that	in	vain	pretend
There is							

otras	ocultar.	Como	en	el	rostro	tuyo	los	ojos	son	el
others	to hide	As	in	the	face	of yours	the	eyes	are	the

primer encanto, la estrella es el de la noche y la
first charm the star is that of the night and the

rosa y la mariposa lo son del jardín matinal.
rose and the butterfly it are of the garden of the morning

Platero, ¡mira qué bien vuela! ¡Qué regocijo debe ser
Platero look how well (she) flies What joy (it) must be

para ella el volar así! Será como es para mí, poeta
for her the to fly thus Will be like (it) is for me poet
flying

verdadero, el deleite del verso. Toda se interna en
true the delight of the verse All itself internalizes in

su vuelo, de ella misma a su alma, y se creyera
its flight of her same to her soul and oneself believes

que nada más le importa en el mundo, digo, en el
that nothing more it (it) is important in the world (I) say in the

jardín.
garden

Cállate, Platero... Mírala. ¡Qué delicia verla volar así,
Shut up Platero Look at her what delight see it fly thus

pura y sin ripio!
pure and without gravel

CXXXII - La muerte

The death

Encontré	a	Platero	echado	en	su	cama	de	paja,	blandos
(I) found	to	Platero	thrown lying	in	his	bed	of	straw	soft

los	ojos	y	tristes.	Fui	a	él,	lo	acaricié	hablándole,
the	eyes	and	sad	(I) went	to	him	him	petted	talking to him

y	quise	que	se	levantara...
and	(I) wanted	that	himself	(he) will lift / he would get up

El	pobre	se	removió	todo	bruscamente,	y	dejó	una
The	poor (one)	himself	removed	all	abruptly	and	left	a

mano	arrodillada...	No	podía...	Entonces	le	tendí	su	mano
hand hoof	kneeling	Not	(it) could	Then	him	(I) kept	his	hand hoof

en	el	suelo,	lo	acaricié	de	nuevo	con	ternura,	y	mandé
on	the	ground	it	(I) petted	of	new again	with	tenderness	and	ordered

venir	a	su	médico.
to come	to	his	medic

El	viejo	Darbón,	así	que	lo	hubo	visto,	sumió	la
The	old	Darbon	thus as soon	that as	it	(he) had	seen	plunged	the

enorme	boca	desdentada	hasta	la	nuca	y	meció	sobre
enormous	mouth	toothless	until	the	nape	and	rocked	on

el	pecho	la	cabeza	congestionada,	igual	que	un	péndulo.
the	breast	the	head	congested	equal	that as	a	pendulum

—Nada bueno, ¿eh?
Nothing good hey

No sé qué contestó... Que el infeliz se iba...
Not (I) know what (he) answered That the poor devil himself went

Nada... Que un dolor... Que no sé qué raíz mala... La
Nothing What a grief That not (I) know what root bad The

tierra, entre la yerba... A mediodía, Platero estaba
earth between the herb At midday Platero was
                   grass   had

muerto. La barriguilla de algodón se le había hinchado
died The tummy of cotton itself him had swollen

como el mundo, y sus patas, rígidas y descoloridas,
like the world and his legs rigid and faded

se elevaban al cielo. Parecía su pelo rizoso ese
themselves raised to the sky Seemed his hair curly that

pelo de estopa apolillada de las muñecas viejas, que se
hair of tow moth-eaten of the dolls old that itself

cae, al pasarle la mano, en una polvorienta
falls at the to pass (through) it the hand in a dusty

tristeza...
sadness

Por la cuadra en silencio, encendiéndose cada vez que
By the stable in silence lighting up each time that
as

pasaba por el rayo de sol de la ventanilla,
passed through the ray of sun of the window

revolaba una bella mariposa de tres colores...
fluttered around a beautiful butterfly of three colors

CXXXIII - Nostalgia

Nostalgia

Platero, tú nos ves, ¿verdad? ¿Verdad que ves cómo
Platero you us see true True that (you) see how

se ríe en paz, clara y fría, el agua de la noria
itself laughs in peace clear and cold the water of the treadmill

del huerto; cuál vuelan, en la luz última, las afanosas
of the garden which (they) fly in the light last the eager
how

abejas en torno del romero verde y malva, rosa y
bees in turn of the rosemary green and mauve pink and
around

oro por el sol que aún enciende la colina?
gold for the sun that still ignites the . hill
because of

Platero, tú nos ves, ¿verdad?
Platero you us see true

¿Verdad que ves pasar por la cuesta roja de la
True that (you) see pass by the slope red of the

Fuente vieja los borriquillos de las lavanderas, cansados,
Fountain old the donkeys of the washer women tired

cojos, tristes en la inmensa pureza que une tierra y
lame sad in the huge purity that joins earth and

cielo en un solo cristal de esplendor?
sky in a lone crystal of splendor

Platero, tú nos ves, ¿verdad?
Platero you us see true

¿Verdad que ves a los niños corriendo arrebatados
True that (you) see to the children running snatched

entre las jaras, que tienen posadas en sus ramas sus
between the rockrose that have set in their branches their

propias flores, liviano enjambre de vagas mariposas
own flowers lightweight swarm of vague butterflies

blancas, goteadas de carmín?
white dripped of carmine

Platero, tú nos ves, ¿verdad?
Platero you us see true

Platero, ¿verdad que tú nos ves? Sí, tú me ves. Y yo
Platero true that you us see Yes you me see And I

creo oír, sí, sí, yo oigo en el poniente despejado,
believe to hear yes yes I hear in the setting clear
west

endulzando todo el valle de las viñas, tu tierno
sweetening all the valley of the vineyards your tender

rebuzno lastimero...
bray plaintive

CXXXIV - El borriquete
The little donkey

Puse	en	el	borriquete	de	madera	la	silla,	el	bocado	y
(I) put	in	the	little donkey	of	wood	the	saddle	the	bit	and

el	ronzal	del	pobre	Platero,	y	lo	llevé	todo	al
the	halter	of the	poor	Platero	and	it	(I) carried	all	to the

granero	grande,	al	rincón	en	donde	están	las	cunas
barn	large	at the	corner	in	where	are	the	cradles

olvidadas	de	los	niños.	El	granero	es	ancho,	silencioso,
forgotten	of	the	children	The	barn	is	wide	silent

soleado.	Desde	él	se	ve	todo	el	campo	moguereño:
sunny	From	it	oneself	sees	all	the	field	(in) Moguer

el	Molino	de	viento,	rojo,	a	la	izquierda;	enfrente,
the	Mill	of	wind	red	at	the	left	in front

embozado	en	pinos,	Montemayor,	con	su	ermita	blanca;
cloaked	in	pine trees	Montemayor	with	its	hermitage	white

tras	de	la	iglesia,	el	recóndito	huerto	de	la	Piña;	en
behind	of	the	church	the	recondite	garden	of	the	Pineapple	in

el	poniente,	el	mar,	alto	y	brillante	en	las	mareas	del
the	setting west	the	sea	high	and	brilliant	in	the	tides	of the

estío.
summer

Por	las	vacaciones,	los	niños	se	van	a	jugar	al
For	the	holidays	the	children	themselves	go	to	play	at the

granero.	Hacen	coches,	con	interminables	tiros	de	sillas
barn	Make	cars	with	interminable	shots	of	chairs

363

caídas;　hacen　teatros,　con　periódicos　de　almagra;　iglesias,
fallen　make　theaters　with　newspapers　of　red ochre　churches

colegios...
colleges

A　veces　se　suben　en　el　borriquete　sin　alma,
At　times　themselves　(they) rise　on　the　little donkey　without　soul

y　con　un　jaleo　inquieto　y　raudo　de　pies　y　manos,
and　with　a　fuss　restless　and　quick　of　feet　and　hands

trotan　por　el　prado　de　sus　sueños:
(they) jog　through　the　meadow　of　their　dreams

—¡Arre,　Platero!　¡Arre,　Platero!
Giddy up　Platero　Giddy up　Platero

CXXXV - Melancolía

Melancholy

Esta	tarde	he	ido	con	los	niños	a	visitar	la
This	afternoon	(I) have	gone	with	the	children	to	visit	the

sepultura	de	Platero,	que	está	en	el	huerto	de	la
burial grave	of	Platero	that	is	in	the	garden	of	the

Piña,	al	pie	del	pino	redondo	y	paternal.	En
Pineapple	at the	foot	of the	pine tree	round	and	paternal	In

torno,	abril	había	adornado	la	tierra	húmeda	de	grandes
turn	April	had	decorated	the	earth	humid	of with	great

lirios	amarillos.
lilies	yellow

Cantaban	los	chamarices	allá	arriba,	en	la	cúpula	verde,
Sang	the	titmice	there	up	in	the	dome	green

toda	pintada	de	cenit	azul,	y	su	trino	menudo,	florido
all	painted	of	zenith	blue	and	their	trill	soft	flowered flowering

y	reidor,	se	iba	en	el	aire	de	oro	de	la	tarde
and	laughing	itself	went	(up) in	the	air	of	gold	of	the	afternoon

tibia,	como	un	claro	sueño	de	amor	nuevo.
warm	as	a	clear	dream	of	love	new

Los	niños,	así	que	iban	llegando,	dejaban	de	gritar.
The	children	thus	that	went	arriving	(they) let stopped	of	to shout

Quietos	y	serios,	sus	ojos	brillantes	en	mis	ojos,	me
Quiet	and	serious	their	eyes	shining	in	my	eyes	me

llenaban	de	preguntas	ansiosas.
(they) filled	of with	questions	anxious

—¡Platero	amigo!	—le	dije	yo	a	la	tierra—;	si,	como
Platero	friend	him	said	I	to	the	earth	if	like

pienso,	estás	ahora	en	un	prado	del	cielo	y	llevas
(I) think	(you) are	now	in	a	meadow	of the	heaven	and	(you) carry

sobre	tu	lomo	peludo	a	los	ángeles	adolescentes,	¿me
on	your	back	furry	to	the	angels	adolescents	me

habrás,	quizá,	olvidado?	Platero,	dime:	¿te
(you) will have	maybe	forgotten	Platero	tell me	yourself

acuerdas	aún	de	mí?
(you) remember	still	of	me

Y,	cual	contestando	a	mi	pregunta,	una	leve	mariposa
And	which as if	answering	to	my	question	a	light	butterfly

blanca,	que	antes	no	había	visto,	revolaba
white	that	before	not	(I) had	seen	fluttered around

insistentemente,	igual	que	un	alma,	de	lirio	en	lirio...
insistently	equal as	that	a	soul	from	lily	in to	lily

CXXXVI - A Platero: en el cielo de Moguer

To Platero: in the heaven of Moguer

Dulce Platero trotón, burrillo mío, que llevaste mi alma
Sweet Platero trotter donkey (of) mine that took my soul

tantas veces —¡sólo mi alma!— por aquellos hondos
so many times only my soul by those deep

caminos de nopales, de malvas y de madreselvas; a ti
roads of nopals of mallows and of honeysuckle to you
(plant)

este libro que habla de ti, ahora que puedes entenderlo.
this book that speaks of you now that (you) can understand it

Va a tu alma, que ya pace en el Paraíso, por el
Goes to your soul that already paces in the Paradise for the

alma de nuestros paisajes moguereños, que también habrá
soul of our landscapes of Moguer that also will have

subido al cielo con la tuya; lleva montada en su
risen to the sky with the yours carries mounted on its
heaven

lomo de papel a mi alma, que, caminando entre zarzas
back of paper to my soul that walking between brambles

en flor a su ascensión, se hace más buena, más
in flower to its ascension itself makes more good more

pacífica, más pura cada día.
peaceful more pure each day

Sí. Yo sé que, a la caída de la tarde, cuando, entre
Yes I know that at the fall of the afternoon when between

las oropéndolas y los azahares, llego, lento y
the orioles and the orange blossoms (I) arrive slow and

pensativo, por el naranjal solitario, al pino que
thoughtful through the orange grove lonely to the pine tree that

arrulla tu muerte, tú, Platero, feliz en tu prado de
lulls your death you Platero happy in your meadow of

rosas eternas, me verás detenerme ante los lirios
roses eternal me (you) will see stop me before the lilies

amarillos que ha brotado tu descompuesto corazón.
yellow that has sprouted your decomposed heart

CXXXVII - Platero de cartón

Platero of carton (Platero made of paper)

Platero, cuando, hace un año, salió por el mundo de
Platero / when / makes (since) / a / year / came out / for (in) / the / world / of

los hombres un pedazo de este libro que escribí en
the / men / a / piece / of / this / book / that / (I) wrote / in

memoria tuya, una amiga tuya y mía me regaló
memory / (of) yours / a / friend / (of) yours / and / mine / me / gave

este Platero de cartón. ¿Lo ves desde ahí? Mira: es
this / Platero / of / carton (paperboard) / It / (you) see / from / here / Look / (it) is

mitad gris y mitad blanco; tiene la boca negra y
half / gray / and / half / white / (it) has / the / mouth / black / and

colorada, los ojos enormemente grandes y enormemente
red / the / eyes / enormously / great / and / enormously

negros; lleva unas angarillas de barro con seis macetas
black / carries / some / sidebags / of / mud / with / six / pots

de flores de papel de seda, rosas, blancas y amarillas;
of / flowers / of / paper / of / silk / ·roses / white / and / yellow

mueve la cabeza y anda sobre una tabla pintada de
(it) moves / the / head / and / goes / over / a / table / painted / of

añil, con cuatro ruedas toscas.
indigo / with / four / wheels / rough

Acordándome de ti, Platero, he ido tomándole cariño
Remembering me of you Platero (I) have gone taking it love

a este burrillo de juguete. Todo el que entra en mi
to this donkey of toy All it that enters in my

escritorio le dice sonriendo: Platero. Si alguno no lo sabe
study it says smiling Platero If any not it knows

y me pregunta qué es, le digo yo: es Platero. Y
and me asks what (it) is him say I (it) is Platero And

de tal manera me ha acostumbrado el nombre al
of such manner me has accustomed the name to the
habituated

sentimiento, que ahora, yo mismo, aunque esté solo,
sadness that now I same although (I) was alone
myself

creo que eres tú y lo mimo con mis ojos.
(I) believe that (it) is you and it (I) caress with my eyes

¿Tú? ¡Qué vil es la memoria del corazón humano! Este
You How vile is the memory of the heart (of) man This

Platero de cartón me parece hoy más Platero que tú
Platero of paperboard me seems today more Platero than you

mismo, Platero...
same Platero
yourself

Madrid 1915
Madrid 1915

CXXXVIII - A Platero, en su tierra
To Platero, in his hearth

Un momento, Platero, vengo a estar con tu muerte. No
One moment Platero (I) come to be with your death Not

he vivido. Nada ha pasado. Estás vivo y yo
(I) have lived Nothing has passed (You) are alive and I
happened

contigo... Vengo solo. Ya los niños y las niñas son
with you (I) come alone Already the children and the girls are

hombres y mujeres. La ruina acabó su obra sobre
men and women The ruin finished its work on

nosotros tres —ya tú sabes—, y sobre su desierto
us three already you know and on its deserted

estamos de pie, dueños de la mejor riqueza: la de
(we) are of foot masters of the best richness that of
wealth

nuestro corazón.
our heart

¡Mi corazón! Ojalá el corazón les bastara a ellos dos
My heart Hopefully the heart them will suffice to them two

como a mí me basta. Ojalá pensaran del mismo
like to me myself (is) enough Hopefully (they) will think of the same

modo que yo pienso. Pero, no; mejor será que no
manner that I think But no best (it) will be that not
as

371

piensen... Así no tendrán en su memoria la tristeza
(they) think Thus not (they) will have in their memory the sadness

de mis maldades, de mis cinismos, de mis impertinencias.
of my evils of my cynicisms of my impertinences

¡Con qué alegría, qué bien te digo a ti estas cosas
With what joy what well you (I) say to you these things

que nadie más que tú ha de saber!... Ordenaré mis
that nobody more than you has of to know (I) will order my

actos para que el presente sea toda la vida y les
acts for that the present be all the life and them

parezca el recuerdo; para que el sereno porvenir les
seem the memory for that the serene future them

deje el pasado del tamaño de una violeta y de su
leaves the past of the size of a violet and of its

color, tranquilo en la sombra, y de su olor suave.
color calm in the shadow and of its smell soft

Tú, Platero, estás solo en el pasado. Pero ¿qué más te
You Platero (you) are alone in the past But what more you

da el pasado a ti que vives en lo eterno, que,
give the past to you than (you) live in the eternal that

como yo aquí, tienes en tu mano, grana como el
like I here (you) have in your hand deep red like the

corazón de Dios perenne, el sol de cada aurora?
heart of God perennial the sun of each dawn

Moguer, 1916
Moguer 1916

Printed in Great Britain
by Amazon

66498465R00220